JN417830

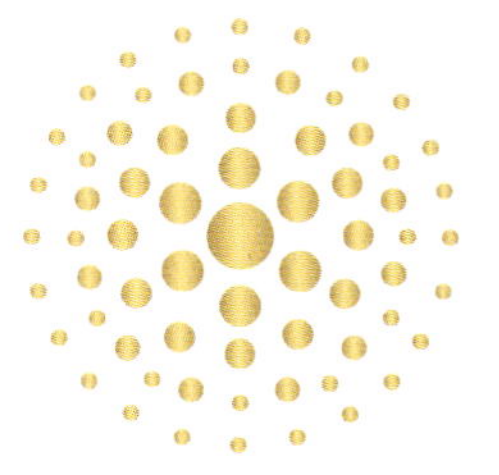

바로보인

전등록 傳燈錄

5

농선 대원 역저

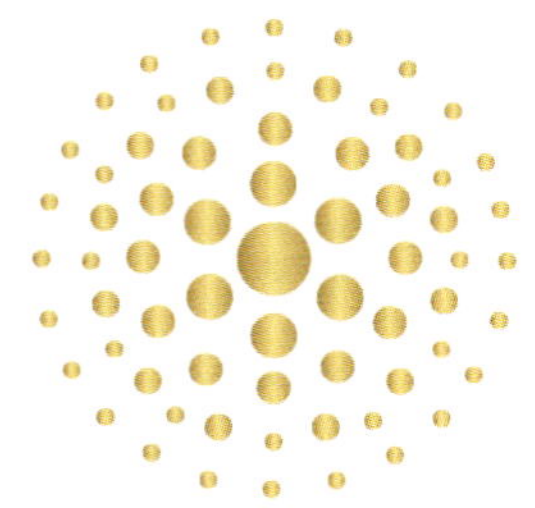

이 원상은 농선 대원 선사님께서 직접 그리신 것으로 모든 불성이 서로 상즉해 공존하는 원리를 담은 것이다.

선 심(禪心)

누리 삼킨 참나를
낙화(落花)로 자각(自覺)
떨어지는 물소리로 웃고 가는 길
돌에서 꽃에서도 님이 맞는다

정맥 선원의 문젠 마크는 농선 대원 선사님께서 마음을 상징하는 달(moon)과 그 마음을 깨달아 마음이 내가 된 삶인 선(zen)을 평화의 상징인 비둘기로 형상화하신 것이다.

교조 석가모니 부처님과
부처님으로부터 직계로 내려온
불조정맥 78대 조사들의
진영과 전법게

불조정맥

불조정맥이란 석가모니 부처님으로부터 현 78대 조사에 이르기까지 스승에게 깨달음의 인증인 인가를 받아 법을 전하라는 부촉을 받은 전법선사의 맥이다. 여기에 실린 불조진영과 전법게는 농선 대원 선사님께서 다년간 수집 정리하여 기도와 관조 끝에 완성하여 수립하신 것이다. 각 선사의 진영과 함께 실린 전법게는 스승으로부터 직접 전해 받은 게송이다. 단, 석가모니 부처님 진영에 실린 게송은 석가모니 부처님의 게송이다.

교조 석가모니 부처님

환화라고 하는 것 근본 없어 생긴 적도 없어서	幻化無因亦無生
모두가 스스로 이러-해서 본다 함도 이러-하네	皆則自然見如是
모든 법도 스스로 화한 남, 아닌 것이 없어서	諸法無非自化生
환화라 하지만 남이 없어 두려워할 것도 없네	幻化無生無所畏

제1조 마하가섭 존자

법이라는 본래 법엔 법이랄 것 없으나 法本法無法
법이랄 것 없다는 법, 그 또한 법이라 無法法亦法
이제 법이랄 것 없음을 전해줌에 今付無法時
법이라는 법인들 그 어찌 법이랴 法法何曾法

제2조 아난다 존자

법이란 법 본래의 법이라 法法本來法
법도 없고 법 아님도 없으니 無法無非法
어떻게 온통인 법 가운데 何於一法中
법 있으며 법 아닌 것 있으랴 有法有非法

제3조 상나화수 존자

본래의 법 전함이 있다 하나 本來付有法
전한 말에 법이랄 것 없다 했네 付了言無法
각자가 스스로 깨달으라 各各須自悟
깨달으면 법 없음도 없다네 悟了無無法

제4조 우바국다 존자

법 아니고 마음도 아니어서 非法亦非心
맘이랄 것, 법이랄 것 없나니 無心亦無法
마음이다, 법이다 설할 때는 說是心法時
그 법은 마음법이 아니로다 是法非心法

제5조 제다가 존자

마음이란 스스로인 본래의 마음이니 心自本來心
본래의 마음에는 법 있는 것 아니로다 本心非有法
본래의 마음 있고 법이란 것 있다 하면 有法有本心
마음도 아니요 본래 법도 아니로다 非心非本法

제6조 미차가 존자

본래의 마음법을 통달하면	通達本心法
법도 없고, 법 아님도 없도다	無法無非法
깨달으면 깨닫기 전과 같아	悟了同未悟
마음이니, 법이니 할 것 없네	無心亦無法

제7조 바수밀 존자

맘이랄 것 없으면 얻음도 없어서	無心無可得
설함에 법이라 이름할 것도 없네	說得不名法
만약에 맘이라 하면 마음 아님 깨달으면	若了心非心
비로소 마음인 마음법 안다 하리	始解心心法

제8조 불타난제 존자

가없는 마음으로	心同虛空界
가없는 법 보이니	示等虛空法
가없음을 증득하면	證得虛空時
옳고 그른 법이 없다	無是無非法

제9조 복타밀다 존자

허공이 안팎 없듯	虛空無內外
마음법도 그러하다	心法亦如此
허공이치 요달하면	若了虛空故
진여이치 통달하네	是達眞如理

제10조 파율습박(협) 존자

진리란 본래에 이름할 수 없으나	眞理本無名
이름에 의하여 진리를 나타내니	因名顯眞理
받아 얻은 진실한 법이라고 하는 것	受得眞實法
진실도 아니요, 거짓도 아니로세	非眞亦非僞

제11조 부나야사 존자

참된 몸 스스로 이러-히 참다우니 眞體自然眞
참됨을 설함으로 인해 진리란 것 있다 하나 因眞說有理
참답게 참된 법을 깨달아 얻으면 領得眞眞法
베풀 것도 없으며 그칠 것도 없다네 無行亦無止

제12조 아나보리(마명) 존자

미혹과 깨침이란 숨음과 드러남 같다 하나 迷悟如隱顯
밝음과 어둠이 서로가 여읠 수 없는 걸세 明暗不相離
이제 숨음이 드러난 법 부촉한다지만 今付隱顯法
하나도 아니요, 둘도 또한 아니로세 非一亦非二

제13조 가비마라 존자

숨었느니 드러났느니 하지만 본래의 법에는 隱顯卽本法
밝음과 어두움이 원래에 둘 아니라 明暗元不二
깨달아 마친 법을 전한다고 하지만 今付悟了法
취함도 아니요, 여읨도 아니로세 非取亦非離

제14조 나가르주나(용수) 존자

숨을 수도, 드러날 수도 없는 법이라 함 非隱非顯法
이것이 참다운 실제를 말함이니 說是眞實際
숨음이 드러난 법 깨달았다 하나 悟此隱顯法
어리석음도 아니요 지혜로움도 아니로다 非愚亦非智

제15조 가나제바 존자

숨었느니 드러났느니 하면 법에 밝다 하랴 爲明隱顯法
밝게 해탈의 이치를 설하려면 方說解脫理
저 법에 증득한 바도 없는 마음이어야 하니 於法心不證
성낼 것도 없으며 기쁠 것도 없다네 無嗔亦無喜

제16조 라후라타 존자

본래에 법을 전할 사람 대해 本對傳法人
해탈의 진리를 설하나 爲說解脫理
법엔 실로 증득한 바 없어서 於法實無證
마침도 비롯함도 없느니라 無終亦無始

제17조 승가난제 존자

법에는 진실로 증득한 바 없어서 於法實無證
취함도 없으며 여읨도 없느니라 不取亦不離
법에는 있다거나 없다는 상도 없거늘 法非有無相
안이니 밖이니 어떻게 일으키리 內外云何起

제18조 가야사다 존자

맘 바탕엔 본래에 남 없거늘 心地本無生
바탕의 인, 연을 좇아 일으키나 因地從緣起
연과 종자 서로가 방해 없어 緣種不相妨
꽃과 열매 그 또한 그러하네 華果亦復爾

제19조 구마라다 존자

마음의 바탕에 지닌 종자 있음에 有種有心地
인과 연이 능히 싹 나게 하지만 因緣能發萌
저 연에 서로가 걸림이 없어서 於緣不相礙
마땅히 난다 해도 남이 남 아니로세 當生生不生

제20조 사야다 존자

성품에는 본래에 남 없건만 性上本無生
구하는 사람 대해 설할 뿐 爲對求人說
법에는 얻은 바 없거늘 於法旣無得
어찌 깨닫고, 깨닫지 못함을 둘 것인가 何懷決不決

제21조 바수반두 존자

말 떨어지자마자 무생에 계합하면	言下合無生
저 법계와 성품이 함께 하리니	同於法界性
만일 능히 이와 같이 깨친다면	若能如是解
궁극의 이변 사변 통달하리	通達事理竟

제22조 마노라 존자

물거품과 환 같아 걸릴 것도 없거늘	泡幻同無礙
어찌하여 깨달아 마치지 못했다 하는가	如何不了悟
그 가운데 있는 법을 통달하면	達法在其中
지금도 아니요, 옛 또한 아니니라	非今亦非古

제23조 학륵나 존자

마음이 만 경계를 따라서 구르나	心隨萬境轉
구르는 곳마다 실로 능히 그윽함에	轉處實能幽
성품을 깨달아서 흐름을 따르면	隨流認得性
기쁠 것도 없으며 근심할 것도 없네	無喜亦無憂

제24조 사자보리 존자

마음의 성품을 깨달음에	認得心性時
사의할 수 없다고 말하나니	可說不思議
깨달아 마쳐서는 얻음 없어	了了無可得
깨달아선 깨달았다 할 것 없네	得時不說知

제25조 바사사다 존자

깨달음의 지혜를 바르게 설할 때에	正說知見時
깨달음의 지혜란 이 마음에 갖춘 바라	知見俱是心
지금의 마음이 곧 깨달음의 지혜요	當心卽知見
깨달음의 지혜가 곧 지금의 함일세	知見卽于今

제26조　불여밀다 존자

성인이 말하는 지견은	聖人說知見
경계를 맞아서 시비 없네	當境無是非
나 이제 참성품 깨달음에	我今悟眞性
도랄 것도, 이치랄 것도 없네	無道亦無理

제27조　반야다라 존자

맘 바탕에 참성품 갖췄으나	眞性心地藏
머리도, 꼬리도 없으니	無頭亦無尾
인연 응해 만물을 교화함을	應緣而化物
지혜라고 하는 것도 방편일세	方便呼爲智

제28조　보리달마 존자

마음에서 모든 종자 냄이여	心地生諸種
일(事)로 인해 다시 이치 나느니라	因事復生理
두렷이 보리과가 원만하니	果滿菩提圓
세계를 일으키는 꽃 피우리	華開世界起

제29조　신광 혜가 대사

내가 본래 이 땅에 온 것은	吾本來此土
법을 전해 중생을 구함일세	傳法救迷情
한 송이에 다섯 꽃잎 피리니	一花開五葉
열매 맺음 자연히 이뤄지리	結果自然成

제30조　감지 승찬 대사

본래의 바탕에 연 있으면	本來緣有地
바탕의 인에서 종자 나서 꽃핀다 하나	因地種華生
본래엔 종자가 있은 적도 없어서	本來無有種
꽃핀 적도 없으며 난 적도 없다네	華亦不曾生

제31조　대의 도신 대사

꽃과 종자 바탕으로 인하니	華種雖因地
바탕을 쫓아서 종자와 꽃을 내나	從地種華生
만약에 사람이 종자 내림 없으면	若無人下種
남 없어 바탕에 꽃핀 적도 없다 하리	華地盡無生

제32조　대만 홍인 대사

꽃과 종자 성품에서 남이라	華種有生性
바탕으로 인해서 나고 꽃피우니	因地華生生
큰 연과 성품이 일치하면	大緣與性合
그 남은 나도 남 아니로세	當生生不生

제33조　대감 혜능 대사

정 있어 종자를 내림에	有情來下種
바탕 인해 결과 내어 영위하나	因地果還生
정이랄 것도 없고 종자랄 것도 없어서	無情旣無種
만물의 근원인 도의 성품엔 또한 남도 없네	無性亦無生

제34조　남악 회양 전법선사

마음의 바탕에 모든 종자 머금어져	心地含諸種
널리 비 내림에 모두 다 싹트도다	普雨悉皆生
단박에 깨달아 정을 다한 꽃피움에	頓悟華情已
보리의 과위가 스스로 이뤄졌네	菩提果自成

제35조　마조 도일 전법선사

마음의 바탕에 모든 종자 머금어져	心地含諸種
비와 이슬 만남에 모두 다 싹이 트나	遇澤悉皆萌
삼매의 꽃핌이라 형상이 없거늘	三昧華無相
무엇이 무너지고 무엇이 이뤄지랴	何壞復何成

제36조　백장 회해 전법선사

마음 외에 본래에 다른 법이 없거늘	心外本無法
부촉함이 있다 하면 마음법이 아닐세	有付非心法
원래에 마음법 없음을 깨달은	旣知非法心
이러-한 마음법을 그대에게 부촉하네	如是付心法

제37조　황벽 희운 전법선사

본래에 말로는 부촉할 수 없는 것을	本無言語囑
억지로 마음의 법이라 전함이니	强以心法傳
그대가 원래에 받아 지닌 그 법을	汝旣受持法
마음의 법이라고 다시 어찌 말하랴	心法更何言

제38조　임제 의현 전법선사

마음의 법 있으면 병이 있고	病時心法在
마음의 법 없으면 병도 없네	不病心法無
내 부촉한 마음의 법에는	吾所付心法
마음의 법 있는 것 아니로세	不在心法途

제39조　흥화 존장 전법선사

지극한 도는 간택함이 없으니	至道無揀擇
본래의 마음이라 향하고 등짐이 없느니라	本心無向背
이 같음을 감당해 이으려는가?	便如此承當
봄바람에 곤한 잠을 더하누나	春風增瞌睡

제40조　남원 혜옹 전법선사

대도는 온통 맘에 있다지만	大道全在心
맘에 구함 있으면 그르치네	亦非在心求
그대에게 부촉한 자심의 도에는	付汝自心道
기쁨도 근심도 없느니라	無喜亦無憂

제41조　풍혈 연소 전법선사

나 이제 법 없음을 말하노니　我今無法說
말한 바가 모두 다 법 아니라　所說皆非法
법 없는 법 지금에 부촉하니　今付無法法
이 법에도 머무르지 말아라　不可住于法

제42조　수산 성념 전법선사

말한 적도 없어야 참법이니　無說是眞法
이 말함은 원래에 말함 없네　其說元無說
나 이제 말한 적도 없을 때　我今無說時
말함이라 말한들 말함이랴　說說何曾說

제43조　분양 선소 전법선사

예로부터 말함 없음 부촉했고　自古付無說
지금의 나 또한 말함 없네　我今亦無說
다만 이 말함 없는 마음을　只此無說心
모든 부처 다 같이 말한 바네　諸佛所共說

제44조　자명 초원 전법선사

허공이 형상이 없다 하나　虛空無形像
형상도, 허공도 아닐세　形像非虛空
내 부촉한 마음의 법이란　我所付心法
공도 공한 공이어서 공 아닐세　空空空不空

제45조　양기 방회 전법선사

허공이 면목이 없듯이　虛空無面目
마음의 상 또한 이와 같네　心相亦如然
곧 이렇게 비고 빈 마음을　卽此虛空心
높은 중에 높다고 하는 걸세　可稱天中天

제46조 백운 수단 전법선사

마음의 본체가 허공같아	心體如虛空
법 또한 허공처럼 두루하네	法亦遍虛空
허공 같은 이치를 증득하면	證得虛空理
법도 아니요, 공한 맘도 아니로세	非法非心空

제47조 오조 법연 전법선사

도에는 나라는 나 원래 없고	道我元無我
도에는 맘이란 맘 원래 없네	道心元無心
오직 이 나라 함도 없는 법으로	唯此無我法
나라 함 없는 맘에 일체하네	相契無我心

제48조 원오 극근 전법선사

참나에는 본래에 맘이랄 것 없으며	眞我本無心
참마음엔 역시나 나랄 것 없으나	眞心亦無我
이러-히 참답게 참마음에 일체되면	契此眞眞心
나를 나라 한들 어찌 거듭된 나겠는가	我我何曾我

제49조 호구 소륭 전법선사

도 얻으면 자재한 마음이고	得道心自在
도 얻지 못하면 근심이라 하나	不得道憂惱
본래의 마음의 도 부촉함에	付汝自心道
기쁨도, 근심도 없느니라	無喜亦無惱

제50조 응암 담화 전법선사

맑던 하늘 구름 덮인 하늘 되고	天晴雲在天
비 오더니 젖어있는 땅일세	雨落濕在地
비밀히 마음을 부촉함이여	秘密付與心
마음법이란 다만 이것일세	心法只這是

제51조　밀암 함걸 전법선사

부처님은 눈으로써 별을 보고　佛用眼觀星
난 귀로써 소리를 들었도다　我用耳聽聲
나의 함이 부처님의 함과 같아　我用與佛用
내 밝음이 그대의 밝음일세　我明汝亦明

제52조　파암 조선 전법선사

부처와 더불어 중생의 보는 것이　佛與衆生見
원래 근본 부처인데 금 그은들 바뀌랴　元本佛隔線
그대에게 부촉한 본연의 마음법에는　付汝自心法
깨닫고 깨닫지 못함도 없느니라　非見非不見

제53조　무준 사범 전법선사

내가 만약 봄이 없다 할 때에　我若不見時
그대 응당 봄이 없이 보아라　汝應不見見
봄에 봄 없어야 본연의 봄이니　見見非自見
본연의 마음이 언제나 드러났네　自心常顯現

제54조　설암 혜랑 전법선사

진리는 곧기가 거문고줄 같다는데　眞理直如絃
어떻게 침묵이나 말로 다시 할 것인가　何默更何言
나 이제 그대에게 공교롭게 부촉하니　我今善付囑
밝힌 마음 본래에 얻음이 없는 걸세　表心本無得

제55조　급암 종신 전법선사

사람에겐 미혹하고 깨달음이 본래 없는데　本無迷悟人
미했느니 깨쳤느니 제 스스로 분별하네　迷悟自家計
젊어서 깨달았다 말이나 한다면　記得少壯時
늙어서까지라도 깨닫지 못할 걸세　而今不覺老

제56조 석옥 청공 전법선사

이 마음이 지극히 광대하여	此心極廣大
허공에 비할 수도 없다네	虛空比不得
이 도는 다만 오직 이러-하니	此道只如是
밖으로 찾음 쉬어 받아 지녔네	受持休外覓

제57조 태고 보우 전법선사

지극히 큰 이것인 이 마음과	至大是此心
지극히 성스러운 이것인 이 법이라	至聖是此法
등불과 등불의 광명처럼 나뉨 없음	燈燈光不差
이 마음 스스로가 통달해 마침일세	了此心自達

제58조 환암 혼수 전법선사

마음 중의 본연의 마음과	心中有自心
법 중의 지극한 법을	法中有至法
내가 지금 부촉한다 하나	我今可付囑
마음법엔 마음법이라 함도 없네	心法無心法

제59조 구곡 각운 전법선사

온통인 도, 마음의 광명이라 할 것도 없으나	一道不心光
과거, 현재, 미래와 시방을 밝힘일세	三際十方明
어떻게 지극히 분명한 이 가운데	何於明白中
밝음과 밝지 않음 있다고 하리오	有明有不明

제60조 벽계 정심 전법선사

나 지금 법 없음을 부촉하고	我無法可付
그대는 무심으로 받는다 하나	汝無心可受
전함 없고 받음 없는 맘이라면	無付無受心
누구라도 성취하지 못했다 하랴	何人不成就

제61조 벽송 지엄 전법선사

마음이 곧 깨달음의 마음이요	心卽能知心
법이 곧 깨달음의 법이라	法卽可知法
마음법을 마음법이라 전한다면	法心付法心
마음도, 법도 아닐세	非心亦非法

제62조 부용 영관 전법선사

조사와 조사가 법 없음을 부촉한다 하나	祖祖無法付
사람과 사람마다 본래 스스로 지님일세	人人本自有
그대는 부촉함도 없는 법을 받아서	汝受無付法
긴요히 뒷날에 전하도록 하여라	急着傳於後

제63조 청허 휴정 전법선사

참성품은 본래에 성품이라 할 것 없고	眞性本無性
참법은 본래에 법이라 할 것 없네	眞法本無法
법이니 성품이니 할 것 없음 깨달으면	了知無法性
어떠한 곳엔들 통달하지 못하랴	何處不通達

제64조 편양 언기 전법선사

법도 아니고 법 아님도 아니고	非法非非法
성품도 아니고 성품 아님도 아니며	非性非非性
마음도 아니고 마음 아님도 아님이	非心非非心
그대에게 부촉하는 궁극의 마음법일세	付汝心法竟

제65조 풍담 의심 전법선사

부처님이 전하신 꽃 드신 종지와	師傳拈花宗
내가 미소지어 보인 도리를	示我微笑法
친히 손수 그대에게 분부하니	親手分付汝
받들어 지녀 누리에 두루하게 하라	持奉遍塵剎

第66조 월담 설제 전법선사

깨달아선 깨달은 바 없으며 得本無所得
전해서는 전함 또한 없느니라 傳亦無可傳
전함도 없는 법을 부촉함이여 今付無傳法
동서가 온통한 하늘일세 東西共一天

第67조 환성 지안 전법선사

전하거나 받을 법이 없어서 無傳無受法
전하거나 받는다는 맘도 없네 無傳無受心
부촉하나 받은 바 없는 이여 付與無受者
허공의 힘줄마저 뽑아서 끊었도다 掣斷虛空筋

第68조 호암 체정 전법선사

연류에 따른 일단사여 沿流一段事
머리도 꼬리도 필경 없네 竟無頭與尾
사자새끼인 그대에게 부촉하니 付與獅子兒
사자후 천지에 가득케 하라 哨吼滿天地

第69조 청봉 거안 전법선사

서 가리켜 동에 그림이여 指西喚作東
풍악산의 뭇 봉우리로다 楓嶽山衆峰
불조의 이러한 법을 佛祖之此法
너에게 분부하노라 分付今日汝

第70조 율봉 청고 전법선사

머리도 꼬리도 없는 도리 無頭尾道理
오늘 그대에게 전해주니 今日傳授汝
이후로 보림을 잘 하여서 此後善保任
영원히 끊어짐이 없게 하라 永遠無斷絶

제71조 금허 법첨 전법선사

그믐날 근원에 돌아간다 말했으나 晦日豫言爲還元
법신에 그 어찌 가고 옴이 있으랴 法身何有去與來
푸른 하늘 해 있고, 못 가운데 연꽃일세 日在青天池中蓮
이 법을 분부하니 끊어짐이 없게 하라 此法分付無斷絶

제72조 용암 혜언 전법선사

'연꽃이 나왔다' 하여 보인 큰 도리를 示出蓮之大道理
다시 또 뜰 밑 나무 가리켜 보여서 復亦指示庭下樹
후일의 크고 큰일 그대에게 부촉하니 後日大事與咐囑
잘 지녀 보림하여 끊어짐 없게 하라 保任善持無斷絶

제73조 영월 봉율 전법선사

사느니 죽느니 이 무슨 말들인고 生也死也是何言
물밭엔 연꽃이고 하늘엔 해일세 水田蓮花在天日
가없이 이러-해서 감출 수 없이 드러남 無邊無藏露如是
오늘 네게 분부하니 끊어짐 없게 하라 今日分付無斷絶

제74조 만화 보선 전법선사

봄산과 뜬구름을 동시에 보아라 春山浮雲觀同時
중생들의 이익될 바 그 가운데 있느니라 普益衆生在其中
이 가운데 도리를 이제 네게 부촉하니 此中道理今付汝
계승해 끊임없이 번성케 할지어다 繼承無斷爲繁盛

제75조 경허 성우 전법선사

하늘의 뜬구름이 누설한 그 도리를 浮雲漏泄其道理
오늘날 선자에게 부촉하여 주노니 今日咐囑與禪子
철저하게 보림하여 모범을 보임으로 保任徹底示模範
후세에 끊어짐이 없게 할 맘, 지니게나 後世無斷爲持心

第76조　만공 월면 전법선사

구름과 달, 산과 계곡이라, 곳곳에서 같음이여　雲月溪山處處同
선가의 나의 제자 수산의 큰 가풍일세　叟山禪子大家風
은근히 무문인을 그대에게 분부하니　慇懃分付無文印
이 기틀의 방편이 활안 중에 있노라　一段機權活眼中

第77조　전강 영신 전법선사

불조도 전한 바 없어서　佛祖未曾傳
나 또한 얻은 바 없음을…　我亦無所得
가을빛 저물어 가는 날에　此日秋色暮
뒷산의 원숭이가 울고 있네　猿嘯在後峰

第78대　농선 대원 전법선사

부처와 조사도 일찍이 전한 것이 아니거늘　佛祖未曾傳
나 또한 어찌 받았다 하며 준다 할 것인가　我亦何受授
이 법이 2천년대에 이르러서　此法二千年
널리 천하 사람을 제도하리라　廣度天下人

부처님으로부터 직계로 내려온 불조정맥 第78대 농선 대원 선사님

농선 대원 전법선사의 3대 서원

오로지 정법만을 깨닫기 서원합니다.
입을 열면 정법만을 설하기 서원합니다.
중생이 다하는 그날까지 교화하기 서원합니다.

성불사 국제정맥선원 대웅전

성불사 국제정맥선원은

농선 대원 선사님께서 주석하시는 곳으로

대원 선사님의 지도하에 비구스님들이

직접 지은 도량이다.

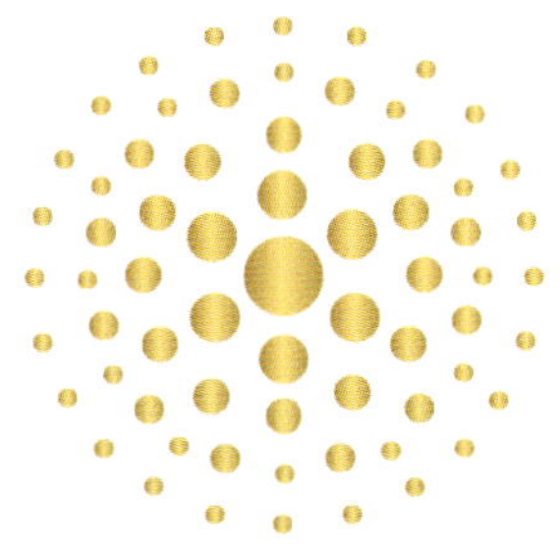

불교 8대 선언문

불교는 자신에게서 영생을 발견하게 한 유일한 종교이다.

불교는 자신에게서 모든 지혜를 발견하게 한 유일한 종교이다.

불교는 자신에게서 모든 능력을 발견하게 한 유일한 종교이다.

불교는 자신에게서 모든 것을 이루게 한 유일한 종교이다.

불교는 자신에게서 극락을 발견하게 한 유일한 종교이다.

불교는 깨달으면 차별 없어 평등하다는 유일한 종교이다.

불교는 모든 억압 없이 자신감을 갖게 한 유일한 종교이다.

불교는 그러므로 온 누리에 영원할 만인의 종교이다.

농선 대원 전법선사 주창

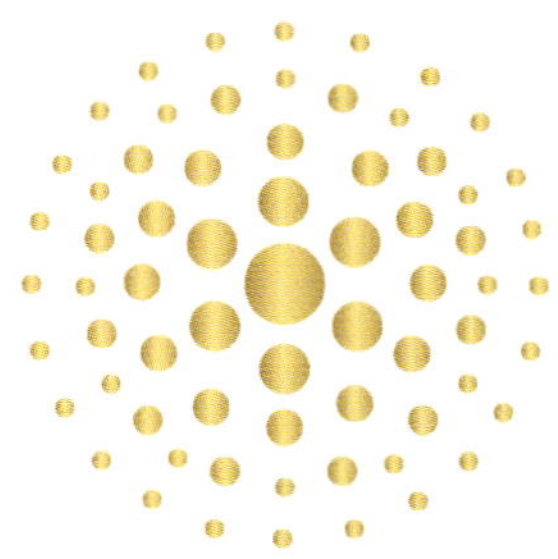

전세계의 불교계에서 통일시켜야 할 일

경전의 말씀대로 32상과 80종호를 갖춘 불상으로 통일해야 한다.

예불 드리는 법을 통일해야 한다.

불공의식을 통일해야 한다.

농선 대원 전법선사 주창

농선 대원 선사의 전등록 발간의 의의

선문(禪文)이란 말 밖의 말로 마음을 바로 가리켜 깨닫게 하여 그 깨달은 마음 바탕에서 닦아 불지(佛地)에 이르게 하는 문(門)이다. 그러기에 지식이나 알음알이로는 헤아려 알 수 없는 것이어서 깨달아 증득하여 일체종지(一切種智)를 이룬 이가 아니고는 그 요지를 바로 보아 이끌어 줄 수 없다.

지금 불교의 현실이 대본산 강원조차 이런 안목으로 이끌어 주는 선지식이 없어서 선종(禪宗) 최고의 공안집인 '전등록', '선문염송' 강의가 모두 폐강된 상황이다.

이에 대원 선사님께서는 불조(佛祖)의 요지가 말이나 글에 떨어져 생사해탈의 길이 단절되는 것을 염려하여 깨달음의 법을 선리(禪理)에 맞게 바로 잡는 역경 작업에 혼신을 다하고 계신다.

대원 선사님께서는 19세에 선운사 도솔암에서 활연대오한 후, 대선지식과의 법거량에서 한 치의 주저함도 없이 명쾌하게 응대하시니 당시 12대 선지식들께서 탄복해 마지않으셨다. 경봉 선사님과 조계종 지혜제일 전강 선사님과의 문답만을 보더라도 취모검과 같은 대원 선사님의 선지를 엿볼 수 있다.

맨 처음 통도사 경봉 선사님을 찾아뵈었을 때, 마침 늦가을 감나무에서 감을 따고 계신 경봉 선사님을 보자 감나무 주위를 한 번 돌고서 있으니, 경봉 선사님께서 물으셨다.

"어디서 왔는가?"

"호남에서 왔습니다."

"무엇을 공부했는가?"

"선을 공부했습니다."

"무엇이 선이냐?"

"감이 붉습니다."

"네가 불법을 아는가?"

"알면 불법이 아닙니다."

위의 문답이 있은 후 경봉 선사님께서는 해제 법문을 대원 선사님께 맡기셨으나 대원 선사님께서는 아직 그럴 때가 아니라 여겨져 그 이튿날인 해제일 새벽 직전에 통도사를 떠나와 버리셨다.

또 광주 동광사에서 처음 전강 선사님을 뵈었을 때, 20대 초면의 젊은 승려인 대원 선사님께 전강 선사님께서 대뜸 '달마불식 도리'를 일러보라 하셨다. 대원 선사님께서 아무 말없이 다가가 전강 선사님의 목에 있는 점 위의 털을 뽑아 버리고 종무소로 가니, 전강 선사님께서 "여기 사람 죽이는 놈이 있다."하며 종무소까지 따라오다 방장실로 돌아가셨다.

그 이후 대원 선사님께서 군산 은적사에서 전강 선사님을 시봉하며 모시고 계실 때, 전강 선사님께서 또 물으셨다.

"공적의 영지를 일러라."

"이러-히 스님과 대담합니다."

"영지의 공적을 일러라."

"스님과 대담에 이러-합니다."

"이러-한 경지를 일러라."

"명왕은 어상을 내리지 않고 천하일에 밝습니다."

대원 선사님의 답에 전강 선사님께서는 희색이 만면해서 고개를 끄덕이며 당신 처소로 돌아가셨다.

이에 그치지 않고 전강 선사님께서 대구 동화사 조실로 계실 때, 대원 선사님께 말씀하셨다.

"대중들이 자네를 산으로 불러내어 그 중에 법성(조계종 종정 진제 스님)이 달마불식 도리를 일러보라 했을 때 '드러났다'라고 답했다는데, 만약에 자네가 양무제였다면 '모르오'라고 이르고 있는 달마 대사에게 어떻게 했겠는가?"

"제가 양무제였다면 '성인이라 함도 설 수 없으나 이러-히 짐의 덕화와 함께 어우러짐이 더욱 좋지 않겠습니까?'하며 달마 대사의 손을 잡아 일으켰을 것입니다."

그러자 전강 선사님께서 탄복하며 말씀하셨다.

"어느새 그 경지에 이르렀는가?"

"이르렀다곤들 어찌하며 갖추었다곤들 어찌하며 본래라곤들 어찌하리까? 오직 이러-할 뿐인데 말입니다."

대원 선사님의 대답에 전강 선사님께서 크게 기뻐하셨다.

이와 같이 대원 선사님께서는 20대 초반에 이미 어떤 선지식의 물음에도 전광석화와 같이 답하셨으며 그 법을 씀이 새의 길처럼 흔적없는 가운데 자유자재하셨다.

깨달음의 방편에 있어서는 육조 대사께서 마주 앉은 자리에서 사람들을 깨닫게 하셨듯이, 제자들을 제접해 직지인심(直指人心)으로 스스로의 마음에 사무쳐 들게 하여 근기에 따라 보림해 갈 수 있도록 이끌어주시니, 꺼져가는 정법의 기치를 바로 일으켜 세움이라 하겠다.

또한 선지식이라면 이변(理邊)에서 뿐만이 아니라 사변(事邊)에서도 먼 안목으로 인류가 무엇을 어떻게 대비하며 살아가야 할지를 예언하고 이끌어 주어야 한다고 하셨다.

그래서 1962년부터 주창하시기를, 전 세계가 21세기를 '사막 경영의 시대'로 삼아 사막화된 지역에 '사막 해수로 사업'을 하여 원하는 지역의 기후를 조절해야 하고, 자원을 소모하는 발전소 대신 파도, 태양열, 풍력 등의 대체 에너지와 무한 원동기를 개발해야 한다고 하셨다. 또, 도로를 발전소화하여 전기를 생산하는 방법 등을 구체적으로 제안하시고, 천재지변을 대비하여 각자의 집에서 농사를 짓는 '울안의 농법'을 연구하시는 등 만인이 더 나은 삶을 살 수 있는 길을 끊임없이 일러 주고 계신다.

이와 같이 대원 선사님께서는 일체종지를 이룬 지혜로, '참나를 깨달아 마음이 내가 된 삶'을 위한 깨달음의 법으로부터 닥쳐오는 재난을 막고 지구를 가장 살기 좋은 세상으로 만드는 방편까지 늘 그 방향을 제시하고 계신다.

한편, 불교의 최고 경전인 '화엄경 81권'을 완간하여 불보살님의 불가사의한 화엄세계를 열어 보이셨으며, 선문 최대의 공안집인 '선문염송 30권' 1,463칙에 대하여 석가모니 부처님 이래 최초로 전 공안을 맑은 물 밑바닥 보듯이 회통쳐 출간하셨다.

이제 대원 선사님께서는 7불과 역대 조사들의 깨달음의 진수가 담긴 '전등록 30권'을 그런 혜안(慧眼)으로 조사마다 선리의 토끼뿔을 더해 닦아 증득할 수 있도록 밝혀 보이셨다. 그리하여 생사윤회길을 헤매는 중생들에게 해탈의 등불이 되고자 하셨으며, 불조(佛祖)의 정법이 후세에까지 끊어지지 않게 하여 부처님 은혜에 보답하고자 하셨다.

부처님 가신 지 오래 되어 정법은 약하고 삿된 법이 만연한 지금, 중생이 다하는 날까지 중생을 구제하기 서원하는 대원 선사님과 같은 명안종사(明眼宗師)가 계심은 불보살님의 자비광명이 이 땅에 두루한 은덕이라 하겠다.

바로보인 불법 ㊸

전등록 傳燈錄

5

도서출판 문젠(구, 바로보인)은 정맥선원에서 운영하고 있습니다.

* 인제산(人濟山) 성불사(成佛寺) 국제정맥선원
 경기도 포천시 내촌면 소리개길 86-178 ☎ 031-531-8805
* 인제산(人濟山) 이룬절 포천정맥선원
 경기도 포천시 내촌면 소리개길 86-123 ☎ 031-531-2433
* 백양산(白楊山) 자모사(慈母寺) 부산정맥선원
 부산시 동래구 아시아드대로 114번길 10 대륙코리아나 2층 212호 ☎ 051-503-6460
* 자모산(慈母山) 육조사(六祖寺) 청도정맥선원
 경북 청도군 매전면 동산리 산 50 ☎ 010-4543-2460
* 광암산(光巖山) 성도사(成道寺) 광주정맥선원
 광주광역시 광산구 삼도광암길 34 ☎ 062-944-4088
* 대통산(大通山) 대통사(大通寺) 해남정맥선원
 전남 해남군 화산면 송계길 132-98 중정마을 ☎ 061-536-6366

바로보인 불법 ㊸

전 등 록 5

초판 1쇄 펴낸날 단기 4354년, 불기 3048년, 서기 2021년 9월 30일

역　　저 농선 대원 선사
펴 낸 곳 도서출판 문젠(Moonzen Press)
11192, 경기도 포천시 내촌면 소리개길 86-178
전화 031-534-3373 팩스 031-533-3387
신고번호 2010.11.24. 제2010-000004호

편집윤문출판 법심 최주희, 법운 정숙경
인디자인 전자출판 지일 박한재
표 지 글 씨 춘성 박선옥
인　　　쇄 북크림

도서출판문젠 www.moonzenpress.com
정 맥 선 원 www.zenparadise.com
사막화방지국제연대(IUPD) www.iupd.org

값 15,000원
ISBN 978-89-6870-605-9
ISBN 978-89-6870-600-4 04220(전30권)

서 문

전등록은 말 없는 말이며 말 밖의 말이라서 학식이나 재치만으로는 번역이 실로 불가능한 일이다. 그러기에 육조단경(六祖壇經)을 보면 법화경을 삼천 번이나 독송한 법달(法達)은 글 한 자 모르시는 육조(六祖)께 경의 뜻을 물었고, 글을 모르시는 육조께서는 법화경의 바른 뜻을 설파하셔서 법달을 깨닫게 하신 것이다.

그런데 하루는 본인에게 법을 물으러 다니시던 부산의 목원 하상욱 본연님이 오셔서 시중에 나온 전등록 번역본 두세 가지를 보이시며 범인인 당신에게도 부처님과 조사님들의 본래 뜻에 맞지 않는 대문이 군데군데 눈에 뜨인다며 바른 의역의 필요성을 절감한다고 하셨다. 그 후로 전등록 번역을 바로 해주십사 하는 간청이 지극하여 비록 단문하나 이 일을 시작하게 되었다.

부처님과 조사님들의 근본 뜻에 어긋남이 없게 하기 위해 노력하였으나 약속한 기간 내에 해내기란 실로 벅찬 일이어서 혹시 미비한 점이 없지 않으리니 강호 제현의 좋은 지적이 있기를 바란다.

불법(佛法)이란 본자연(本自然)이라 누가 설(說)하고 누가 듣고 배울 자리요만 그렇지 못한 이가 또한 있어서 부처님과 조사님들의 허물이 생기는 것이다.

어떤 것이 부처인고?
화분의 빨간 장미니라.

이 가운데 남전(南泉) 뜰꽃 도리(道理)며 한산(寒山) 습득(拾得)의 웃음을 누릴진저.

단기(檀紀) 4354년
불기(佛紀) 3048년
서기(西紀) 2021년

무등산인 농선 대원 분향근서
(無等山人 弄禪 大圓 焚香謹書)

양억(楊億)의 경덕전등록 서문

석가모니께서 일찍이 연등 부처님의 수기를 받아, 현겁(賢劫)의 보처(補處)가 되어 이 땅에 탄강하시고 법을 펴서 교화하시기가 49년이었으니 방편과 진리, 돈오(頓悟)와 점수(漸修)의 문호를 여시고, 헤아릴 수 없이 많은 다양한 교법을 내려 주셨다.

근기(根機)에 따라 진리를 깨닫게 하신 데서 삼승(三乘)의 차별이 생겼으니, 사물에 접하는 대로 중생을 이롭게 하여 한량없는 중생을 제도하셨다. 그 자비는 넓고 컸으며 그 법식(法式)은 두루 갖추어져 있었다.

쌍림(雙林)에서 열반에 드실 때 가섭(迦葉)에게만 유촉하신 것이 차츰차츰 전하여 달마에 이르러서 비로소 문자를 세우지 않고 마음의 근원을 곧바로 보이게 되었으니, 차례를 밟지 않고 당장에 부처의 경지에 오르게 되어 다섯 잎[1]이 비로소 무성하고 천 개의 등불[2]이 더욱 찬란하여서, 보배 있는 곳에 이른 이는 더욱 많고, 법의 바퀴를 굴린 이도 하나가 아니었다.

부처님께서 부촉하신 종지와 정법안장(正法眼藏)이 유통되는 도리는 교리 밖에서 따로 행해지는 불가사의(不可思議)한 것이다.

태조(太祖)께서 거룩하신 무력으로 전란을 진압하신 뒤에 사찰을 숭상하여 제도의 문을 활짝 여셨고, 태종(太宗)께서 밝으신 변재로 비밀한 법을 찬술하시어 참된 이치를 높이셨으며, 황상(皇上)[3]께서 높으신 학덕으로 조사의 뜻을 이어 거룩한 가르침에 머릿말을 쓰셔 종풍(宗風)을 잇게 하시니, 구름 같은 문장이 진리의 하늘에 빛나고, 부처의 황금같은 설법

---

1) 다섯 잎 : 중국 선종의 2조 혜가로부터 6조 혜능에 이르는 다섯 조사를 말한다.

2) 천 개의 등불 : 중국에 선법(禪法)이 전해진 이후 등장한 수많은 견성도인들을 말한다.

3) 황상(皇上) : 송의 진종(眞宗)을 말한다.

이 깨달음의 동산에 펼쳐졌다.

대장경의 말씀에 비밀히 계합하고, 인도로부터의 법맥이 번창하니, 뭇 선행을 늘리는 이가 더욱 많아졌고, 요의(了義)[4]를 전하는 사람들이 간간이 나타나서 원돈(圓頓)의 교화가 이 지역에 퍼졌다.

이에 동오(東吳)의 승려인 도원(道原)이 선열(禪悅)의 경지에 마음을 모으고, 불법의 진리를 샅샅이 찾으며, 여러 세대의 조사 법맥을 찾고, 제방의 어록(語錄)을 모아 그 근원과 법맥에 차례를 달고, 말씀들을 차례차례 엮되, 과거 7불로부터 대법안(大法眼)의 문도에 이르기까지 무릇 52세대, 1,701인을 수록하여 30권으로 만들어 경덕전등록이라 하여 대궐로 가지고 와서 유포해 주기를 청하였다.

황상께서는 불법을 밖으로부터 보호하고자 하시고, 승려들의 부지런함을 가상히 여겨 마음가짐을 신중히 하고 생각을 원대히 하여 좌사간(左司諫) 지제고(知制誥) 양억(楊億)과 병부원외랑(兵部員外郎) 지제고(知制誥) 이유(李維)와 태상승(太常丞) 왕서(王曙) 등을 불러 교정케 하시니, 신(臣) 등은 우매하여 삼학(三學)[5]의 근본 뜻을 모르고 5성(五性)[6]의 방편에 어두우며, 훌륭한 번역 솜씨도 없고, 비야리 성에서 보인 유마 거사의 묵연(默然) 도리[7]에도 둔하건만 공손히 지엄하신 하명(下命)을 받들어 감히 끝내 사양하지 못하였다.

그 저술된 내용을 두루 살펴보면 대체로 진공(眞空)[8]으로써 근본을 삼고 있고, 옛 성인께서 도에 들던 인연을 서술할 때나 옛 사람이 진리를 깨달은 이야기를 표현할 때엔 근기와 인연의 계합함이 마치 활쏘기와 칼쓰

---

4) 요의(了義) : 일을 다 마친 도리, 깨달아서 깨달음마저 두지 않는 경지를 말한다.

5) 삼학(三學) : 계(戒), 정(定), 혜(慧).

6) 5성(五性) : 법상종의 용어. 일체중생의 근기를 다섯 성품으로 나누어서 성불할 근기와 성불하지 못할 근기로 나누었다.

7) 유마 거사의 묵연 도리 : 유마 거사가 비야리성에서 그를 문병하러 온 문수보살과 법담을 할 때 잠자코 말이 없음으로 불이(不二)의 도리를 드러내 보인 일을 말한다.

8) 진공(眞空) : 색(色)이니 공(空)이니를 초월해서 누리는 경지.

기가 알맞는 것 같아 지혜가 갖추어진 데서 광명을 내어, 채찍 그림자만 보고도 달리는 말과 같은 상근기자(上根機者)들에게 널리 도움이 되고 있다.

후학(後學)들을 인도함에는 현묘한 진리를 드날리고 있고, 다른 이야기를 가져올 때에는 출처를 밝히고 있으며, 다듬어지지 않은 부분도 많으나 훌륭한 부분도 찾아볼 수 있었다. 모든 대사들이 대중에게 도리를 보일 때에 한결같은 소리로 펼쳐 보이고 있으니 영특한 이가 귀를 기울여 듣는다면 무수한 성인들이 증명한다 할 것이다. 개괄해서 들추어도 그것이 바탕이어서 한군데만 취해도 그대로가 옳다.

만일 별달리 더 붓을 댄다면 그 돌아갈 뜻을 잃을 것이다. 중국과 인도에서의 말이 이미 다르지 않은데 자칫하면 구슬에다 무늬를 새기려다 보배에 흠집을 낼 우려가 있기에, 이런 종류는 모두 그대로 두었다. 더욱이 일은 실제로 행한 것만을 취해 기록하여 틀림없이 잘 서술했으나 말이란 오래도록 남아 전해지는 까닭에 전혀 문장을 다듬지 않을 수는 없었다.

어떤 사연을 기록할 때엔 그 자취를 자세히 하였고 말이 복잡해지거나 이야기가 저속한 것이 있으면 모두 삭제하되 문맥이 통하게 하였다.

유교(儒敎)의 대신이나 거사(居士)의 문답에 이르러 벼슬자리와 성씨가 드러난 이는 연대와 역사에 비추어 잘못을 밝히고, 사적(史籍)에 따라 틀린 점을 바로잡아 믿을 만한 전기가 되게 하였다.

만일 바늘을 던져 맞추듯 한 치의 어긋남 없이 도리를 밝히는 일이 아니거나, 번갯불이 치듯 빠른 기틀을 내보이는 일이 아니거나, 묘하게 밝은 참 마음을 보이는 일이 아니거나, 고(苦)와 공(空)의 깊은 이치를 조사(祖師)의 뜻 그대로 기술(記述)하는 일이 아니라면, 어떻게 등불을 전한다는 전등(傳燈)이라는 비유에 계합(契合)하는 그 극진한 공덕을 베풀 수 있었겠는가?

만일 감응(感應)한 징조만을 서술하거나 참문하고 행각한 자취만을 기록한다 할 것 같으면 이는 이미 승사(僧史)에 밝혀져 있는 것이니, 어째서 선가(禪家)의 말씀을 굳이 취하겠는가? 세대와 계보의 명칭을 남긴 것만이 아니라 스승과 제자가 이어지는 근거를 널리 기록하였다.

그러나 옛날 책에 실린 것을 보면 잘 다듬어지지 않은 내용을 수록하고 잘 다듬어진 것은 버린 일이 있는데, 다른 기록에 남아 있으면 해당하는 문장을 찾아 보완하고, 더욱 널리 찾아서 덧붙이기도 하였다. 또한 서문과 논설에 이르러 혹 옛 조사(祖師)의 문장이 아닌 것이 사이사이 섞이어 공연히 군소리가 되었으면 모두 간추려서 다 깎아버렸으니, 이같이 하여 1년 만에 일이 끝났다.

저희 신(臣)들은 성품과 식견이 우둔하고, 학문이 넓지 못하고, 기틀이 본래 얕고, 문장력은 부족하여 묘한 도리가 사람에게 달렸다고는 하나 마음에서 떠난 지 오래되고 깊은 진리를 나타내는 말이 세속에서 단절되어, 담벽을 마주한 듯 갑갑하게 지낸 적이 많았다. 과분하게도 추천해 주시는 은혜를 받았으나 아무 힘도 발휘하지 못했다. 편찬하는 일이 이미 끝났으므로 이를 임금님께 바친다. 그러나 임금님의 뜻에 맞지 않아, 임금님께서 거룩히 살펴보시는 데에 공연히 누만 끼치는 것이 아닌가 한다. 삼가 바친다.

한림학사조산대부행좌사간지제고동
수국사판사관사주국남양군개국후식읍
1천백호사자금어대신 양억 지음

景德傳燈錄序 昔釋迦文。以受然燈之夙記當賢劫之次補。降神演化四十九年。開權實頓漸之門。垂半滿偏圓之教。隨機悟理。爰有三乘之差。接物利生。乃度無邊之衆。其悲濟廣大矣。其軌式備具矣。而雙林入滅。獨顧於飮光。屈眴相傳。首從於達磨。不立文字直指心源。不踐楷梯徑登佛地。逮五葉而始盛。分千燈而益繁。達寶所者蓋多。轉法輪者非一。蓋大雄付囑之旨。正眼流通之道。教外別行不可思議者也。

聖宋啟運人靈幽贊。太祖以神武戡亂。而崇淨刹。闢度門。太宗以欽明禦辯。而述祕詮。暢真諦。皇上睿文繼志而序聖教繹宗風。煥雲章於義天。振金聲於覺苑。蓮藏之言密契。竺乾之緒克昌。殖衆善者滋多。傳了義者間出。圓頓之化流於區域。有東吳僧道原者。冥心禪悅。索隱空宗。披弈世之祖圖。采諸方之語錄。次序其源派。錯綜其辭句。由七佛以至大法眼之嗣。凡五十二世。一千七百一人。成三十卷。目之曰景德傳燈錄。詣闕奉進冀於流布。

皇上爲佛法之外護。嘉釋子之勤業。載懷重愼。思致悠久。乃詔翰林學士左司諫知制誥臣楊億。兵部員外郎知制誥臣李維。太常丞臣王曙等。同加刊削。俾之裁定。臣等昧三學之旨迷五性之方。乏臨川翻譯之能。懵毘邪語默之要。恭承嚴命。不敢牢讓。竊用探索匪遑寧居。考其論譔之意。蓋以真空爲本。將以述曩聖入道之因。標昔人契理之說。機緣交激。若拄於箭鋒。智藏發光。旁資於鞭影。

誘道後學。敷暢玄猷。而捃摭之來。徵引所出。糟粕多在。油素可尋。其有大士。示徒。以一音而開演。含靈聳聽。乃千聖之證明。屬概擧之是資。取少分而斯可。若乃別加潤色失其指歸。既非華竺之殊言。頗近錯雕之傷寶。如此之類悉仍其舊。況又事資紀實。必由於善敘。言以行遠。非可以無文。其有標錄事緣。縷詳軌跡。或辭條之紛糾。或言筌之猥俗。並從刊削。俾之綸貫。

至有儒臣居士之問答。爵位姓氏之著明。校歲歷以愆殊。約史籍而差謬。鹹用刪去。以資傳信。自非啟投針之玄趣。馳激電之迅機。開示妙明之真心。祖述苦空之深理。即何以契傳燈之喻。施刮膜之功。若乃但述感應之徵符。專敘參遊之轍跡。此已標於僧史。亦奚取於禪詮。聊存世系之名。庶紀師承之自然而舊錄所載。或掇粗而遺精。別集具存。當尋文而補闕。率加采擷。爰從附益。逮於序論之作。或非古德之文。問廁編聯徒增楦釀（楦釀二字出唐張燕公文集。謂冗長也）亦用簡別多所屏去。汔茲周歲方遂終篇。臣等性識媿於冥煩。學問慚於涉獵。天機素淺。文力無餘。妙道在人。雖刳心而斯久。玄言絕俗。固牆面以居多。濫膺推擇之私。靡著發揮之效。已克終於紬繹。將仰奉於清間。莫副宸襟空塵睿覽。謹上。

翰林學士朝散大夫行左司諫知制誥同
修國史判史館事柱國南陽郡開國侯食邑
一千百戶賜紫金魚袋臣楊億 撰

승려 희위(希渭)의 경덕전등록 재발간사

호주로(湖州路) 도량산(道場山) 호성만세선사(護聖萬歲禪寺)의 늙은 중 희위(希渭)는 본관이 경원로(慶元路) 창국주(昌國州)이며 성은 동(董)씨다.

어릴 때부터 고향의 성에 있는 관음선사(觀音禪寺)에 가서 절조(絶照) 화상을 스승으로 삼았고, 법명(法名)을 받게 되어 자계현(慈溪懸) 개수(開壽)의 보광선사(普光禪寺)에 가서 용원(龍源) 화상에 의해 머리를 깎고 승려가 되었다.

그대로 오대율사(五臺律寺)로 가서 설애(雪涯) 화상에게 구족계를 받은 뒤에 짐을 꾸려 서쪽으로 향해 행각을 떠나 수행을 하다가 나중에 다시 은사이신 용원 화상을 만나 이 산으로 옮겨 왔다.

스승을 따라 배움에 참여하고 이로움을 구한 지 벌써 여러 해가 되었다. 항상 스승의 은혜를 생각하면서도 갚을 기회가 없었다. 그런데 삼가 윗대로부터의 부처와 조사들을 수록한 경덕전등록 30권을 보니 7불로부터 법안(法眼)의 법사(法嗣)에 이르기까지 전부 52세대(世代)인데, 경덕(景德)에서 연우(延祐) 병진년에 이르기까지 317년이나 지나서 옛 판본이 다 썩어버려 남아있지 않기 때문에 후학들이 보고 싶어도 볼 수가 없었다. 이에 발심하여 다시 간행한다.

홀연히 내 고향에 있는 천성선사(天聖禪寺)의 송려(松廬) 화상이 소장하고 있던, 여산(廬山)의 은암(隱庵)에서 찍은 옛 책이 가장 보존이 잘된 상태로 입수되었는데, 아주 내 마음에 들었다. 마침내 병진(丙辰)년 정월 10일에 의발 등속을 모두 팔아 1만 2천여 냥을 얻었다. 그날 당장에 공인(工人)에게 간행할 것을 명하여 조사의 도리가 세상에 유포되게 하였다. 이 책은 모두 36만 7천 9백 17자이다. 그해 음력 12월 1일에야 공인의 작업이 끝났다.

당장에 300부를 인쇄하여 전당강(錢塘江) 남북지역과 안중(安衆)지역[9]의 여러 명산(名山)의 방장(方丈)[10]과 몽당(蒙堂)[11]과 여러 요사(寮舍)[12]에 한 부씩을 비치케 하여 온 세상의 도를 분변(分辨)하는 참선납자(參禪衲子)들이 참구하기에 편하도록 하였다. 이를 잘 이용하여 사은(四恩)[13]을 갚고 아울러 삼유(三有)의 중생[14]에게도 도움이 되기 바란다.

대원(大元) 연우(延祐) 3년[15] 음력 12월 1일
늙은 중 희위(希渭)가 삼가 쓰고
젊은 비구 문아(文雅)가 간행을 감독하고
주지 비구 사순(士洵)이 간행하다.

9) 두 지역은 희위 스님의 고향인 호주(湖州)와 비교적 인접한 지역들이다.
10) 방장(方丈) : 절의 주지가 거처하는 방. 지금은 견성한 이가 아니더라도 주지를 맡고 있으나 그 당시에는 견성한 도인이라야 그 절의 주지를 맡았다. 따라서 방장에는 대체로 법이 높은 스님이 기거하는 경우가 대부분이었다.
11) 몽당(蒙堂) : 승사(僧寺)의 일에서 물러난 사람이 거처하는 방.
12) 요사(寮舍) : 절에서 대중이 숙식하는 방.
13) 사은(四恩) : 보시(布施), 자애(慈愛), 화도(化導), 공환(共歡)의 네가지 시은(施恩), 또는 부모(父母), 중생(衆生), 국왕(國王), 삼보(三寶)의 네가지 지은(知恩).
14) 삼유(三有)의 중생 : 욕계(慾界), 색계(色界), 무색계(無色界)의 삼계(三界)를 유전하는 미혹한 중생.
15) 서기 1316년.

차 례

일러두기

1. 대만에서 펴낸 『경덕전등록(景德傳燈錄)』(宋釋道原 編, 新文豐出版公司, 民國 75년, 1986년)에 의거해서 번역했으며 누락된 부분 없이 완역하였다.
2. 농선 대원 선사가 각 선사장마다 선리의 토끼뿔을 더하여 닦아 증득하는데 도움이 되도록 하였다.
3. 뜻이 통하지 않는데도 오자가 아닐 때는 옛 한문 사전에서 그 조사 당시에 그 글자가 어떻게 쓰였는가를 찾아 번역하였다. 예를 들어 '還'자가 돌아올 '환'으로가 아니라 영위할 '영'으로 쓰여 뜻이 통한 경우에는 '영위하다' '누리다'로 의역하였다.
4. 선사들의 생몰연대는 여러 기록된 내용이 일치하지 않거나 미상으로 되어 있는 바가 많아, 각 선사 당시의 나라와 왕의 연대, 불교의 상황 등을 역사학자들이 전문적으로 연구하여 밝혀야 할 부분이 있기에, 이 책에서는 여러 자료와 연구 결과가 일치된 내용만을 주에서 표기하였다.
5. 첨가한 주의 내용은 불교에 대한 지식이 없는 이들도 선문답을 참구해 가는데 도움이 되도록 간략하게 달았으며, 주의 내용에 따라서는 사전적인 뜻보다는 선리(禪理)로서 그 뜻을 밝혀 마음에 비추어 참구할 수 있도록 하였다.

5권 법계보

제33조 혜능(慧能) 대사와 그 법손 43인

- 제33조 혜능(慧能) 대사

  제33조 혜능(慧能) 대사의 법손 43인
  - 서역(西域) 굴다삼장(堀多三藏)
  - 소주(韶州) 법해(法海) 선사
  - 길주(吉州) 지성(志誠) 선사
  - 편첨산(匾檐山) 효료(曉了) 선사
  - 하북(河北) 지황(智隍) 선사
  - 홍주(洪州) 법달(法達) 선사
  - 수주(壽州) 지통(智通) 선사
  - 강서(江西) 지철(志徹) 선사
  - 신주(信州) 지상(智常) 선사
  - 광주(廣州) 지도(志道) 선사
  - 광주(廣州) 법성사(法性寺) 인종(印宗) 화상
  - 길주(吉州) 청원산(青原山) 행사(行思) 선사
  - 남악(南嶽) 회양(懷讓) 선사
  - 온주(溫州) 영가(永嘉) 현각(玄覺) 선사
  - 사공산(司空山) 본정(本淨) 선사
  - 무주(婺州) 현책(玄策) 선사

5권 법계보

- 조계(曹谿) 영도(令韜) 선사
- 서경(西京) 광택사(光宅寺) 혜충(慧忠) 국사
- 서경(西京) 하택(荷澤) 신회(神會) 선사

(이상 19인은 본문에 기록되어 있다. 원주)

- 소주(韶州) 지타(祇陀) 선사
- 무주(撫州) 정안(淨安) 선사
- 숭산(嵩山) 심(尋) 선사
- 나부산(羅浮山) 정진(定眞) 선사
- 남악(南嶽) 견고(堅固) 선사
- 제공산(制空山) 도진(道進) 선사
- 선쾌(善快) 선사
- 소산(韶山) 연소(緣素) 선사
- 종일(宗一) 선사
- 회계(會稽) 진망산(秦望山) 선현(善現) 선사
- 남악(南嶽) 범행(梵行) 선사
- 병주(幷州) 자재(自在) 선사
- 서경(西京) 함공(咸空) 선사
- 협산(峽山) 태상(泰祥) 선사
- 광주(光州) 법정(法淨) 선사
- 청량산(淸涼山) 변재(辯才) 선사
- 광주(廣州) 오두타(嗚頭陀)

5권 법계보

- 도영(道英) 선사
- 지본(智本) 선사
- 광주(廣州) 청원(淸苑) 법진(法眞) 선사
- 현해(玄楷) 선사
- 담최(曇璀) 선사
- 소주(韶州) 자사(刺史) 위거(韋據)
- 의흥(義興) 손보살(孫菩薩)

(이상 24인은 본문에 기록되어 있지 않다. 원주)

제33조 혜능(慧能) 대사와 그 법손(法孫)

제33조 혜능(慧能) 대사

혜능 대사[1]는 속성이 노(盧)씨이다. 그의 선조는 범양 사람이었는데 아버지 행도가 무덕(武德) 때에 남해의 신주(新州)로 좌천되어 그곳에서 거주하게 되었다. 세 살 때에 아버지를 잃고 어머니가 수절하며 길렀는데 자라면서 점점 가세가 궁색해져 대사가 나무를 팔아서 살아갔다.

하루는 나무를 지고 시장에 갔다가 어떤 나그네가 『금강경』을 읽는 소리를 듣고 깜짝 놀라서 그에게 물었다.

"그것은 무슨 법이며 누구에게 얻었습니까?"

나그네가 대답하였다.

"이 이름은 『금강경』인데 황매의 홍인 대사께 얻었소."

대사는 이어 어머니에게 법을 위해 스승을 찾겠다는 뜻을 말씀드렸다.

第三十三祖慧能大師者。俗姓盧氏。其先范陽人。父行瑫武德中左宦於南海之新州。遂占籍焉。三歲喪父。其母守志鞠養。及長家尤貧窶。師樵采以給。一日負薪至市中。聞客讀金剛經。悚然問其客曰。此何法也。得於何人。客曰。此名金剛經。得於黃梅忍大師。師遽告其母以為法尋師之意。

---

1) 혜능 대사(638 ~ 713).

그리고는 소주에 이르러 유지략이라는 품행이 반듯한 거사를 만나 사귀게 되었다. 당시 무진장이라는 비구니가 바로 유지략의 고모였는데 항상 『열반경』을 읽고 있었다. 대사가 잠시 듣고서 그 이치를 설해 주니 비구니는 드디어 책을 들고 와서 글자를 물었다.

대사가 말하였다.

"글자는 모르니 이치나 물으시오."

"글자도 모르면서 어찌 뜻을 알 수 있습니까?"

"모든 부처님의 묘한 이치는 문자와 관련이 없소."

비구니가 깜짝 놀라 마을의 어른들에게 말하였다.

"혜능은 도를 지닌 사람이니 청하여 공양하시오."

그러자 마을 사람들이 앞을 다투어 와서 예를 올렸다. 그 근처에 보림사(寶林寺) 옛터가 있었는데 사람들이 집을 고쳐서〔營緝〕[2] 대사를 살게 하자고 논의하니, 사부대중들이 구름같이 모여 얼마 지나지 않아 사찰〔寶坊〕[3]이 이루어졌다.

直抵韶州遇高行士劉志略結為交友。尼無盡藏者。即志略之姑也。常讀涅槃經。師暫聽之即為解說其義。尼遂執卷問字。師曰。字即不識。義即請問。尼曰。字尚不識曷能會義。師曰。諸佛妙理非關文字。尼驚異之。告鄉里耆艾云。能是有道之人宜請供養。於是居人競來瞻禮。近有寶林古寺舊地。衆議營緝俾師居之。四衆霧集俄成寶坊。

2) 영집(營緝) : 원문의 영집(營緝)은 수리하여 세우다라는 뜻이다. 修建, 修繕.

3) 보방(寶坊) : 원문의 보방(寶坊)은 사원을 아름답게 일컫는 말이다.

대사가 하루는 홀연히 스스로 생각하기를 '내가 큰 법을 구하는데 어찌 중도에서 그치겠는가.'하고 이튿날 길을 떠나 창락현 서산에 있는 석실(石室)에 이르러서 지원 선사를 만났다.

대사가 법을 물으니 지원 선사가 대답하였다.

"그대의 신령한 자태를 관해 보니 보통 사람보다 뛰어난 바가 있다. 내가 듣건대 서역 보리달마의 마음의 법〔心印〕이 황매에까지 전해졌다고 하니 그대는 응당 거기에 가서 참문하고 결탁을 받아라."

대사가 하직하고 떠나서 바로 황매의 동선사(東禪寺)에 이르니, 때는 당의 함형(咸亨) 2년이었다.

홍인 대사가 한 눈에 마음속으로 알아보고 뒤에 가사와 법을 전해주며 회집(懷集)과 사회(四會) 사이에 은거하도록 하였다.[4)]

의봉(儀鳳) 원년 병자년 정월 8일에 대사가 남해에 이르렀을 때 인종 법사가 법성사에서 『열반경』을 강의하고 있었다.

師一日忽自念曰。我求大法豈可中道而止。明日遂行至昌樂縣西山石室間。遇智遠禪師。師遂請益。遠曰。觀子神姿爽拔殆非常人。吾聞西域菩提達磨傳心印於黃梅。汝當往彼參決。師辭去直造黃梅之東禪。即唐咸亨二年也。忍大師一見默而識之。後傳衣法令隱於懷集四會之間。至儀鳳元年丙子正月八日。屆南海遇印宗法師於法性寺講涅槃經。

---

4) 전등록 3권 홍인(弘忍) 대사편 참고.

대사가 회랑에서 휴식하고 있었는데, 밤에 바람이 불어서 사찰의 깃발이 나부끼자 두 승려 중 한 사람은 '깃발이 움직인다' 하고, 또 한 사람은 '바람이 움직인다' 하며 논쟁하는 것을 들었다. 서로 말을 주고받았지만 이치에 맞지 않았다.

대사가 말하였다.

"고준한 토론에 속된 무리가 참견해도 괜찮겠는가? 바로 말하자면 바람과 깃발이 움직이는 것이 아니요, 그대들 스스로의 마음이 움직일 뿐이오."

인종 법사가 이 말을 몰래 듣고 깜짝 놀라며 기이하게 여겼다. 이튿날 대사를 방으로 불러서 바람과 깃발의 이치를 물으니, 대사가 이치를 자세히 말하자 인종 법사가 자기도 모르게 일어나서 말하였다.

"행자는 분명히 보통 사람이 아니오. 스승이 어떤 분입니까?"

대사가 더 이상 숨기는 바 없이 법을 얻은 내력을 말하자, 인종 법사가 제자의 예를 갖추어 선의 요지를 설하기를 청하고 이어 사부대중에게 말하였다.

師寓止廊廡間。暮夜風颺刹幡。聞二僧對論。一云幡動。一云風動。往復酬答未曾契理。師曰。可容俗流輒預高論否。直以風幡非動動自心耳。印宗竊聆此語竦然異之。翌日邀師入室。徵風幡之義。師具以理告。印宗不覺起立云。行者定非常人師為是誰。師更無所隱直敘得法因由。於是印宗執弟子之禮請受禪要。乃告四衆曰。

"인종은 구족계를 받은 범부인데 이제 육신보살을 만났다."
곧 자리 아래의 노(盧) 거사를 가리키며 말하였다.
"바로 이 분이다."
그리고 전해 받은 신표인 가사를 내놓기를 청하여 모든 사람이 예를 표하게 하였다.
정월 15일에 여러 이름 있는 대덕들을 모아 머리를 깎았고, 2월 8일에 법성사에서 지광 율사에게 구족계를 받았다. 그 계를 받은 단은 송의 구나발다라 삼장(三藏)이 설치한 것이었다.
『삼장기』에 이르기를 '뒤에 육신보살이 이 단에서 계를 받으리라.'라고 하였고, 또한 양(梁)의 말기에 진제 삼장은 단 옆에다 친히 보리수 두 그루를 심으면서 대중들에게 말하기를 '120년 이후에 크게 깨달은 스님이 이 나무 밑에서 위없는 법을 설하여 한량없는 중생을 제도하리라.'라고 하였다.

印宗具足凡夫。今遇肉身菩薩即指座下盧居士云。即此是也。因請出所傳信衣悉令瞻禮。至正月十五日。會諸名德為之剃髮。二月八日就法性寺智光律師受滿分戒。其戒壇即宋朝求那跋陀三藏之所置也。三藏記云。後當有肉身菩薩在此壇受戒。又梁末真諦三藏。於壇之側手植二菩提樹。謂眾曰。却後一百二十年有大開士。於此樹下演無上乘度無量眾。

이에 대사가 계를 갖춘 뒤에 이 나무 밑에서 동산법문(東山法門)[5]을 여니 숙세의 예언과 완전히 같았다.

이듬해 2월 8일에 홀연히 대중에게 "나는 여기에 사는 것을 원치 않으니 옛집으로 돌아가겠다."라고 말하자, 인종 법사와 승속 1천여 명이 대사가 보림사로 돌아가는 것을 전송하였다.

소주자사(韶州刺史) 위거(韋據)가 대범사(大梵寺)에서 묘한 법륜을 굴리기를 청하였고 아울러 자신도 무상심지계(無相心地戒)를 받았다.

문인이 기록하여 『단경』이라는 제목으로 세상에 성행하였다. 그리고 다시 조계(曹谿)로 돌아와서 큰 법비를 뿌리니 학자들이 1천 명 이하로 줄지 않았다.

중종(中宗)이 신룡(神龍) 원년에 조서(詔書)[6]로 말하였다.

師具戒已。於此樹下開東山法門宛如宿契。明年二月八日忽謂眾曰。吾不願此居要歸舊隱。時印宗與緇白千餘人。送師歸寶林寺。韶州刺史韋據請於大梵寺轉妙法輪。并受無相心地戒。門人紀錄目為壇經盛行於世。然返曹谿雨大法雨。學者不下千數。中宗神龍元年降詔云。

5) 동산법문(東山法門) : 선종의 4조 도신과 5조 홍인의 선법을 말함. 도신과 홍인은 쌍봉산에 머물렀으나 도신이 입적한 후 홍인은 그 산의 동쪽에 있는 풍무산으로 옮겨 그의 선법을 선양하였기 때문에 동산법문이라 말한다.

6) 조서(詔書) : 황제가 천하의 신하와 백성들에게 내리는 문서.

"짐이 혜안과 신수, 두 대사를 궁중으로 청해서 공양하고 정무를 보는〔萬機〕[7] 사이에 틈을 내서 늘 일승(一乘)을 참구했는데, 두 대사는 나란히 사양하며 말하기를 '남방에 혜능 선사가 있는데 홍인 대사의 옷과 법을 비밀리에 받았으니 그에게 물으십시오.'라고 하였소. 이제 내시(內侍) 설간(薛簡)을 신속히 보내서 대사를 초청하니 원컨대 대사는 자비를 베풀어 속히 서울로 오시오."

대사는 병을 핑계로 사의를 표하고 숲속에서 일생을 마치기를 원하였다.

설간이 말하였다.

"서울에 있는 선덕(禪德)들이 모두 말하기를 '도를 알고자 하면 반드시 좌선을 하여 선정을 익혀라. 선정을 익히지 않고 해탈을 얻는다 하면 있을 수 없는 일이다.'라고 하는데 대사께서는 어떻게 법을 설하시는지 모르겠습니다."

朕請安秀二師宮中供養。萬機之暇每究一乘。二師並推讓云。南方有能禪師。密受忍大師衣法。可就彼問。今遣內侍薛簡馳詔迎請。願師慈念速赴上京。師上表辭疾。願終林麓。薛簡曰。京城禪德皆云。欲得會道必須坐禪習定。若不因禪定得而[8]解脫者未之有也。未審師所說法如何。

---

7) 만기(萬機) : 원문의 만기(萬機)는 정무를 보는 사람이 각종 중요한 사무를 처리하는 것을 뜻한다.

8) 得而가 송나라본에는 而得으로 되어 있다.

대사가 말하였다.

"도는 마음으로부터 깨닫는 것인데 어찌 앉음에 있으랴. 경에 이르기를 '만일 여래가 앉거나 눕는다고 보면 그는 삿된 도를 행하는 사람이니 무슨 까닭이겠는가? 여래는 어디로부터 오는 바도 없고 가는 바도 없기 때문이다.'라고 하였다. 만일 생멸이 없으면 이것이 여래의 청정한 선정이요, 모든 법이 공적하면 이것이 여래의 청정한 앉음이다. 끝끝내 증득할 것이 없거늘 하물며 앉을 것이 있겠는가?"

설간이 말하였다.

"제자가 돌아가면 반드시 주상(主上)께서 물으실 것이니 원컨대 화상께서 자비로 심요(心要)를 제시해 주십시오."

"도는 밝음도 어두움도 없다. 밝음과 어두움은 서로 바뀌는 것이기에 끝없이 밝고 밝다 해도 역시 다함이 있다."

"밝음은 지혜에 비유하고 어두움은 번뇌에 비유하는데, 도를 닦는 사람이 만약 지혜로써 번뇌를 비추어 깨뜨리지 않으면 비롯함이 없는 생사를 무엇에 의거하여 벗어나겠습니까?"

師曰。道由心悟。豈在坐也。經云。若見如來若坐若臥是行邪道。何故無所從來亦無所去。若無生滅是如來清淨禪。諸法空寂是如來清淨坐。究竟無證豈況坐耶。簡曰。弟子之迴主上必問願和尚慈悲指示心要。師曰。道無明暗。明暗是代謝之義。明明無盡亦是有盡。簡曰。明喩智慧。暗況煩惱。修道之人儻不以智慧照破煩惱。無始生死憑何出離。

대사가 말하였다.

"만약 지혜로써 번뇌를 비추어 깨뜨린다고 하는 것은 2승인 어린 양과 사슴[9] 등의 근기이다. 지혜가 뛰어난 큰 근기는 모두 이와 같지 않다."

설간이 말하였다.

"어떤 것이 대승의 견해입니까?"

대사가 말하였다.

"밝음과 무명(無明)은 그 성품이 둘이 없다. 둘이 없는 성품이 곧 참되고 실다운 성품이니, 진실한 성품은 범부에 있어서 줄지도 않고 성현에 있어서 늘지도 않으며, 번뇌에 있어서 어지럽지도 않고 선정에 있어서 고요한 것도 아니다. 끊어짐이 없고 항상함도 없으며, 오는 것도 아니고 가는 것도 아니며, 중간이나 안팎에도 있지 않고, 나지 않고 멸하지도 않아 성품과 형상이 여여하여 항상하여 변천하지 않는 것을 도라 한다."

師曰。若以智慧照煩惱者。此是二乘小兒羊鹿等機。上智大根悉不如是。簡曰。如何是大乘見解。師曰。明與無明其性無二。無二之性即是實性。實性者處凡愚而不減。在賢聖而不增。住煩惱而不亂。居禪定而不寂。不斷不常不來不去。不在中間及其內外。不生不滅性相如如。常住不遷名之曰道。

---

9) 어린 양과 사슴 : 『법화경』에서 성문, 연각을 양이 끄는 수레와 사슴이 끄는 수레로 비유한다.

설간이 말하였다.

"대사께서 말씀하시는 불생불멸은 외도와 어떻게 다릅니까?"

대사가 말하였다.

"외도가 말하는 불생불멸은 멸함으로써 남〔生〕을 그치고 남으로써 멸함을 드러내나, 멸한다지만 멸함이 아니고 난다지만 남이 없어 내가 말하는 불생불멸은 본래 남이 없고 지금 또한 멸함이 없다. 그런 까닭에 외도와 같지 않다.

그대가 만일 심요(心要)를 알고자 한다면 다만 일체 선악을 생각지 말라. 그러면 자연히 청정한 마음의 본체를 깨달아 가없이 이러-해서 항상 고요한 가운데 묘한 작용이 항하사 모래와 같으리라."

설간이 가르침을 받고 활연히 크게 깨달아 절하고 물러가서 궁궐로 돌아가 대사의 말대로 아뢰니, 조칙을 내려 대사에게 사례하고 아울러 마납가사 1벌과 비단 500필과 보배 발우 1벌을 하사하였다.

簡曰。師說不生不滅何異外道。師曰。外道所說不生不滅者。將滅止生以生顯滅。滅猶不滅生說無生。我說不生不滅者。本自無生今亦無滅。所以不同外道。汝若欲知心要。但一切善惡都莫思量。自然得入清淨心體。湛然常寂妙用恒沙。簡蒙指教豁然大悟。禮辭歸闕表奏師語。有詔謝師。并賜磨衲袈裟絹五百匹寶鉢一口。

12월 19일에 조서를 내려 옛 보림사를 중흥사(中興寺)로 고치고, 3년 11월 18일에 다시 소주자사에게 조서를 내려 더욱 훌륭하게 치장하여 법천사라는 편액을 하사〔賜額〕[10)]하였으며, 대사가 신주에서 과거에 거주하던 곳은 국은사라 하였다.

어느 날 대중에게 말하였다.

"여러 선지식들이여, 그대들은 제각기 마음을 맑게 하여 내 설법을 잘 들어라. 그대들 자신의 마음이 곧 부처이다. 다시 여우같이 의심하지 말라. 밖으로는 한 물건도 건립할 수 없어서 본래 마음에서 만 가지 종류의 법이 생긴다.

그러므로 경에 이르기를 '마음이 나면 갖가지 법이 나고 마음이 멸하면 갖가지 법이 멸한다.'라고 하였다. 만일 일체종지를 성취하고자 한다면 반드시 일상삼매(一相三昧)와 일행삼매(一行三昧)를 통달하라.

十二月十九日。勅改古寶林為中興寺。三年十一月十八日。又勅韶州刺史。重加崇飾賜額為法泉寺。師新州舊居為國恩寺。一日師謂眾曰。諸善知識。汝等各各淨心聽吾說法。汝等諸人自心是佛。更莫狐疑。外無一物而得建立。皆是本心生萬種法。故經云。心生種種法生。心滅種種法滅。若欲成就種智。須達一相三昧一行三昧。

10) 사액(賜額) : 원문의 사액(賜額)은 임금이 사당(祠堂), 서원(書院), 누문(樓門) 등에 이름을 지어서 새긴 편액을 내리는 일을 뜻한다.

만약 온갖 곳에서 상에 머무르지 않고, 그 형상에 대하여 밉다 곱다 하는 생각을 내지 않으며, 또한 취하고 버리는 생각도 없고, 이익이나 이루고 무너짐 등의 일을 생각하지 않아, 편안하고 한가하며 허공과 같이 담박하면 이것을 이름하여 일상삼매라 한다.

또 만약 일체 곳에 다니고 멈추고 앉고 누움에 있어서, 순일하고 곧은 마음으로 움직이지 않는 도량이라야 참으로 정토를 이루니 이름 하여 일행삼매라 한다.

어떤 사람이 이 두 가지 삼매를 갖추면 마치 땅에 있는 종자가 자라나서 그 열매를 맺을 힘을 품고 있는 것과 같으니, 일상과 일행이 또한 그러하다.

나의 지금의 설법은 마치 때에 맞춘 비가 온누리를 널리 적시는 것 같고 그대들의 불성은 여러 종자에다 비유할 수 있어서 이 비를 맞으면 모두가 싹이 틀 것이다.

若於一切處而不住相。彼相中不生憎愛亦無取捨。不念利益成壞等事。安靜閑恬[11]。虛融澹泊。此名一相三昧。若於一切處行住坐臥。純一直心不動道場真成淨土。名一行三昧。若人具二三昧。如地有種能含藏長養成就其實。一相一行亦復如是。我今說法。猶如時雨溥潤大地。汝等佛性譬諸種子。遇茲霑洽悉得發生。

---

11) 安靜閑恬이 송 원, 명나라본에는 安閑恬靜으로 되어 있다.

나의 가르침을 받드는 이는 결정코 보리를 얻을 것이요, 나를 의지해서 행하는 이는 반드시 묘한 과위를 증득할 것이다."

선천(先天) 원년에 모든 제자들에게 말하였다.

"내가 외람되게 홍인 대사의 의발과 법을 전해 받았는데 이제 그대들에게 설법만을 하고 그 옷은 부촉하지 않겠다. 왜냐하면 그대들의 믿음의 뿌리가 순수하게 익어서 결정코 의심 없이 큰일을 감당할 수 있기 때문이다. 나의 게송을 들어라."

마음의 바탕에 모든 종자 머금어져
널리 비 내림에 모두 다 싹트도다
단박에 깨달아 정을 다한 꽃피움에
보리의 과위가 스스로 이뤄졌네

承吾旨者決獲菩提。依吾行者定證妙果。先天元年告諸徒眾曰。吾忝受忍大師衣法。今為汝等說法不付其衣。蓋汝等信根淳熟決定不疑堪任大事。聽吾偈曰。

心地含諸種
普雨悉皆生
頓悟華情已
菩提果自成

대사가 게송을 마치고 다시 말하였다.

"이 법은 둘이 없고, 이 마음도 또한 그렇다. 이 도는 청정하여 또한 모든 형상이 없다. 그대들은 행여 깨끗함을 관해서 마음을 공(空)에 이르게 하려 하지 말라. 이 마음은 본래 청정하여 취하거나 버릴 것이 없으니 제각기 노력해서 인연 따라 잘 가거라."

대사가 설법으로 중생을 제도하기 40년째 되던 해 7월 6일에 제자에게 명하여 신주 국은사에 보은탑(報恩塔)을 세우게 하고, 이어 공사(工事)를 다른 것보다 두 배로 잘 하라고 하였다. 이때에 촉승(蜀僧) 방변(方辯)이라는 이가 와서 인사를 하고는 조소(彫塑)에 능하다 하니 대사가 반듯이 앉으면서 말하였다.

"내 형상을 빚어 봐라."

방변이 그 뜻을 알지 못하고 대사의 진영을 빚으니 높이가 7치가량 되었는데 교묘한 재주를 다하였다.

대사가 이를 보고 말하였다.

"그대는 진흙의 성품은 잘 아나 불성은 잘 알지 못하는구나."

師說偈已復曰。其法無二其心亦然。其道清淨亦無諸相。汝等慎勿觀淨及空其心。此心本淨無可取捨。各自努力隨緣好去。師說法利生經四十載。其年七月六日命弟子。往新州國恩寺。建報恩塔仍令倍工。又有蜀僧名方辯。來謁師云。善揑塑。師正色曰。試塑看。方辯不領旨。乃塑師真。可高七寸。曲盡其妙。師觀之曰。汝善塑性不善佛性。

그리고는 옷과 물건으로 삯을 주니 그 승려가 받아 절하고 물러갔다.

선천 2년 7월 1일에 문인들에게 말하였다.

"나는 신주로 가려 하니 그대들은 속히 배를 손질하라."

이때에 대중이 슬피 울면서 좀 더 머무시기를 청하니 대사가 말하였다.

"부처님들이 세상에 나타나신 것도 열반을 보이시기 위한 것이다. 오는 것이 있으면 가는 것은 당연한 일이니 나의 이 몸도 반드시 가야 한다."

대중이 말하였다.

"스님께서 지금 가시면 언제 돌아오시겠습니까?"

"잎이 떨어져 뿌리로 돌아가듯 하나, 다시 올 때라는 어귀도 없다."

"스님의 법안(法眼)은 누구에게 전하십니까?"

"도(道)가 있는 이는 얻고 무심(無心)한 이는 통달한다."

酬以衣物。僧禮謝而去。先天二年七月一日謂門人曰。吾欲歸新州。汝速理舟檝。時大衆哀慕乞師且住。師曰。諸佛出現猶示涅槃。有來必去理亦常然。吾此形骸歸必有所。衆曰。師從此去早晩却迴。師曰。葉落歸根來時無口。又問。師之法眼何人傳受。師曰。有道者得無心者通。

"뒤에 환란이 없겠습니까?"

"내가 열반한 지 5, 6년 후에 어떤 사람이 와서 내 머리를 끊어 가리라. 나의 예언을 들어라."

머리 위에 어버이를 기르고
입안에 밥을 먹이리라
만(滿)의 환란을 만나면
양유(楊柳)가 관리가 된다

또 말하였다.

"내가 간 지 70년에 두 보살이 동쪽에서 오리니, 하나는 재가에 있는 이요, 하나는 출가한 이로서 동시에 교화를 펴서 나의 종지를 일으키고 가람을 화합하여 법손이 번창하리라."

又問。後莫有難否。曰吾滅後五六年。當有一人來取吾首。聽吾記曰。

頭上養親。
口裏須餐。
遇滿之難。
楊柳為官。

又云。吾去七十年有二菩薩。從東方來。一在家一出家。同時興化建立吾宗。締緝伽藍昌隆法嗣。

말을 마치고 신주의 국은사로 가서 목욕한 뒤에 가부좌를 맺고 천화하니, 이상한 향기가 집에 가득하고 흰 무지개가 땅에서 뻗쳤다. 이는 곧 그 해 8월 3일이었다.

당시 소주와 신주의 두 자사가 각각 탑을 세우려 하니, 승속이 세울 곳을 결정하지 못하였다. 그러자 두 고을의 자사가 같이 향을 피워 축원하기를 '향 연기가 뻗치는 쪽이 대사께서 돌아가시려는 곳이다'라고 하였다. 이때에 향기가 하늘로 곧게 솟아올라 조계로 날아가니 11월 13일에 탑에 안치하였다. 수명은 76세였다.

이때에 소주 자사 위거가 비문을 찬술하였고, 문인들이 대사의 예언을 기억해서 먼저 철엽칠포(鐵葉漆布)로 대사의 목을 견고히 보호하였다.

탑에는 달마가 전한 법의를 넣었고, 중종(中宗)이 하사한 마납가사와 보배 발우 및 방변이 조성한 진상과 도구들은 탑을 관리하는 시자가 맡았다.

言訖往新州國恩寺。沐浴訖跏趺而化。異香襲人白虹屬地。即其年八月三日也。時韶新兩郡各修靈塔。道俗莫決所之。兩郡刺史共焚香祝云。香煙引處即師之欲歸焉。時鑪香騰涌直貫曹谿。以十一月十三日入塔。壽七十六。時韶州刺史韋據撰碑。門人憶念取首之記。遂先以鐵葉漆布固護師頸。塔中有達磨所傳信衣。中宗賜磨衲寶鉢方辯塑真道具等。主塔侍者尸之。

개원(開元) 10년 임술(壬戌) 8월 3일 밤중에 갑자기 탑에서 쇠사슬이 끌리는 듯한 소리가 들렸다. 대중스님들이 놀라서 일어나보니 어떤 자가 탑에서 달아나고 있었다. 이내 살펴보니 대사의 목에 상처가 있었다.

도적이 들어 온 사실을 자세히 고을에 알리니 군수 양간과 자사 유무첨이 보고를 받고 잡으려 애쓰다 5일 만에 석각촌(石角村)에서 도적을 붙들었다.

소주로 불러서 국문(鞫問)하여 보니 장정만이란 자로서 여주(汝州) 양현 사람이었다. 홍주(洪州)의 개원사(開元寺)에서 신라(新羅)의 승려인 김대비라는 이가 돈 2만 냥을 주고 6조의 머리를 끊어 오라고 하였는데, 이는 해동(海東)으로 가지고 가 공양하려 한 것이었다.

유(柳) 자사는 보고를 받은 후 바로 형을 내리지 않고 직접 조계에 가서 대사의 맏제자인 영도(令韜)에게 물었다.

"어떻게 처단하리까?"

영도가 대답하였다.

開元十年壬戌八月三日。夜半忽聞塔中如拽鐵索聲。僧衆驚起。見一孝子從塔中走出。尋見師頸有傷。具以賊事聞於州縣。縣令楊侃刺史柳無忝得牒切加擒捉。五日於石角村捕得賊人。送韶州鞫問。云姓張名淨滿。汝州梁縣人。於洪州開元寺。受新羅僧金大悲錢二十千。令取六祖大師首歸海東供養。柳守聞狀未即加刑。乃躬至曹谿。問師上足令韜曰。如何處斷。韜曰。

"만일 국법으로 따진다면 의당 죽여야 하지만 불교의 자비로는 원수와 친한 이가 평등합니다. 더구나 그는 모셔다가 공양하려 한 것이니 그 죄를 용서해 주시기 바랍니다."

유자사가 "불법의 광대한 자비를 비로소 알았다."라고 탄복하며 놓아주었다.

상원(上元) 원년에 숙종(肅宗)이 사자를 보내 대사의 의발을 황제의 내도량으로 모셔다 공양하겠다고 가져갔는데, 영태(永泰) 원년 5월 5일에 이르러 대종(代宗)의 꿈에 6조 대사가 자기의 의발을 달라고 하니 7일에 자사 양함에게 조서를 내렸다.

"짐이 혜능 선사께서 법을 전해 받은 가사를 다시 조계로 돌려보내 줄 것을 요청하는 꿈을 꾸었기에 이제 진국대장군(鎮國大將軍) 유숭경을 시켜 받들어 모시고 가게 하노라. 짐은 이를 나라의 보배라 여기니 경들은 본사에다 봉안하여 여러 대중스님들 가운데 종지를 잘 받드는 이로 하여금 엄숙히 수호하여 실수가 없게 하라."

若以國法論理須誅夷。但以佛教慈悲冤親平等。況彼求欲供養罪可恕矣。柳守嘉歎曰。始知佛門廣大。遂赦之。上元元年肅宗遣使。就請師衣鉢歸內供養。至永泰元年五月五日。代宗夢六祖大師請衣鉢。七日勅刺史楊瑊云。朕夢感能禪師請傳法袈裟却歸曹溪。今遣鎮國大將軍劉崇景。頂戴而送。朕謂之國寶。卿可於本寺如法安置。專令僧衆親承宗旨者。嚴加守護勿令遺墜。

그 후에 도적을 맞더라도 모두 멀리 가기 전에 붙들었는데 이렇게 하기를 네 차례나 거듭하였다.

헌종(憲宗)이 대감 선사(大鑑禪師)라 시호하고, 탑은 원화영조(元和靈照)라 하였다.

송(宋)의 개보(開寶) 때에 왕사(王師)가 남해(南海)를 평정할 당시에 유(劉)씨라는 패잔병이 행패를 부려 대사의 탑과 절이 쓰러지고 불탔으나 대사의 유해는 탑을 지키는 스님에 의해 하나도 손상되지 않았다. 이어 다시 짓는 일이 시작되었는데 공사가 끝나기 전에 태종(太宗)이 즉위하니 선문(禪門)에 마음을 두고 있어서 훨씬 더 장엄하게 꾸몄다.

대사가 당의 선천(先天) 2년 계축에 입멸한 이래 지금의 경덕(景德) 원년 갑진에 이르기까지 292년이요, 인종 법사 등 33인을 제외하고도 법을 받은 이들이 각각 한 지방에서 교화하며 정통이라 표방하였다.

後或為人偷竊。皆不遠而獲。如是者數四。憲宗諡大鑒禪師。塔曰元和靈照。皇宋開寶初。王師平南海。劉氏殘兵作梗。師之塔廟鞠為煨燼。而真身為守塔僧保護一無所損。尋有制興修功未竟。會太宗即位留心禪門。頗增壯麗焉。大師自唐先天二年癸丑入滅。至今景德元年甲辰歲。凡二百九十二年矣。得法者除印宗等三十三人各化一方標為正嗣。

그밖에도 이름과 자취를 감춘 이는 셀 수 없는데, 이제 제방의 전기에는 간략히 열 사람만을 기록하여 곁가지라 한다.

其外藏名匿迹者不可勝紀。今於諸家傳記中略錄十人。謂之旁出。

토끼뿔

어떤 이가 묻기를
“어떤 것이 육조의 사상입니까?” 하면 이르리라.

언제나 한결같이 이러해서
함없는 일상의 지음이여
삼삼은 뒤집어도 구일세
험.

혜능(慧能) 대사의 법손

서역(西域) 굴다삼장(堀多三藏)

굴다삼장은 천축 사람이었는데 동으로 소양까지 왔다가 6조를 만나 언하에 깨달았다.

뒤에 오대산(五臺山)을 돌아보고 다시 정양현(定襄縣)으로 가는 도중에 마을을 지나다가 어떤 승려가 띠풀로 만든 암자에 앉아 있는 것을 보고 삼장이 물었다.

"그대 혼자 앉아서 무엇을 하는가?"

그 승려가 대답하였다.

"고요함을 관합니다."

西域堀多三藏者。天竺人也。東遊韶陽見六祖。於言下契悟。後遊五臺至定襄縣歷村。見一僧結庵而坐。三藏問曰。汝孤坐奚為。曰觀靜。

삼장이 말하였다.

“관하는 이는 누구이며, 고요하다는 것은 어떤 물건인가?”

그 승려가 예를 올리고 물었다.

“그것은 무슨 도리입니까?”

삼장이 말하였다.

“그대는 어찌하여 진실로 스스로 고요하다는 것을 관하지 않는가?”

그 승려가 망연하여 그 말에 어찌 대할지를 모르자 삼장이 말하였다.

“그대는 누구 문하의 제자인가?”

“신수 대사의 제자입니다.”

“우리 서역의 외도 중 가장 낮은 근기인 사람도 이런 소견에 떨어지지 않는다. 꼼짝하지 않고 공에만 앉아 있는 것이 도에 무슨 이익이 되겠는가?”

그 승려가 삼장에게 다시 물었다.

“누구를 스승으로 섬기셨습니까?”

三藏曰。觀者何人。靜者何物。其僧作禮問曰。此理何如。三藏曰。汝何不自觀自靜。彼僧茫然莫知其對。三藏曰。汝出誰門耶。曰神秀大師。三藏曰。我西域異道最下根者不墮此見。兀然空坐於道何益。其僧却問三藏。所師何人。

삼장이 말하였다.

“나의 스승은 6조 대사이다. 그대는 어찌하여 빨리 조계로 가서 그 참된 요지를 결단하지 않는가?”

그 승려가 바로 암자를 버리고 가서 6조 대사를 뵙고 앞의 일을 자세히 말하였다. 6조가 가르침을 주는데 삼장의 말과 부합하므로 그 승려가 믿게 되었다. 그 뒤에 삼장은 어디로 갔는지 알 수 없었다.

三藏曰。我師六祖。汝何不速往曹谿決其真要。其僧即捨庵往參六祖具陳前事。六祖垂誨與三藏符合。其僧信入。三藏後不知所終。

토끼뿔

어떤 이가 묻기를

“관하는 이는 누구이며, 고요하다는 것은 어떤 물건인가?” 하면 이르리라.

팥 서 근은 무겁고, 쇠 서 근은 가볍다.

소주(韶州) 법해(法海) 선사

법해 선사는 곡강(曲江) 사람이다. 처음에 6조를 뵙고서 물었다.

"마음이 곧 부처라 하니 원하건대 가르쳐 주십시오."

조사가 말하였다.

"앞생각이라는 것이 나지 않으면 곧 마음이요, 뒷생각이라는 것이 멸하지 않으면 곧 부처이며, 일체 상을 이루면 곧 마음이요, 일체 상을 여의면 곧 부처이다. 내가 만약 구체적으로 말하려 한다면 무궁한 겁이 지나도 다하지 못한다. 나의 게송을 들어라."

韶州法海禪師者。曲江人也。初見六祖問曰。即心即佛願垂指喻。祖曰。前念不生即心。後念不滅即佛。成一切相即心。離一切相即佛。吾若具說窮劫不盡。聽吾偈曰。

마음 그대로가 지혜요
부처 그대로가 선정이니
선정과 지혜를 균등히 하면
뜻이 청정해진다

이 법문을 깨달아서
그대가 성품을 익힘으로써
본래 낳음 없이 쓰는 것을
바르게 쌍으로 닦는다고 한다

即心名慧
即佛乃定
定慧等持
意中清淨
悟此法門
由汝習性
用本無生
雙修是正

법해가 믿고 받아들여서 게송으로 찬탄하였다.

마음 그대로가 원래 부처이거늘
깨닫지 못해서 못난 짓 했구나
선정과 지혜의 근원을 알았으니
쌍으로 닦아 모든 물건을 여의리라

法海信受。以偈贊曰。
即心元是佛
不悟而自屈
我知定慧因
雙修離諸物
(壇經云。門人法海者即禪師是也)[12)]

---

12) 『육조단경』에 이르기를 "문인인 법해가 곧 선사이다." 라고 하였다. (원주)

토끼뿔

법해 선사의 송을 읽고 이르노라.

옳기는 옳은 말이라 하겠으나 오뉴월의 감맛을 면치 못했다.

마음도 부처도 아니고
정과 혜도 닦는 것 아니거늘
물건을 여윈다는 망언일꼬
악!

길주(吉州) 지성(志誠) 선사

지성 선사는 길주의 태화 사람이다. 어릴 때에 형남(荊南)의 당양산(當陽山) 옥천사(玉泉寺)에서 신수 선사를 모셨는데, 나중에 두 종파[13]가 성대히 교화를 펴게 됨에 따라 신수의 제자들이 자주 남종(南宗)을 비방하기 시작하였다.

"혜능 대사는 한 글자도 모르는데 어찌 뛰어난 바가 있겠는가?"

신수 선사가 말하였다.

"그는 스승 없이도 지혜를 얻어서 최상승의 도리를 깊이 깨달았으니 나는 그분만 못하다. 또 나의 스승인 5조 대사께서 친히 의발과 법을 전해주셨으니 어찌 연고 없이〔徒然〕[14] 그러셨겠는가? 내가 멀리 찾아가서 친히 뵙지 못하고 헛되이 나라의 은혜를 받는 것이 한스럽다.

吉州志誠禪師者。吉州太和人也。少於荊南當陽山玉泉寺奉事神秀禪師。後因兩宗盛化。秀之徒衆往往譏南宗曰。能大師不識一字有何所長。秀曰。他得無師之智深悟上乘。吾不如也。且吾師五祖親付衣法。豈徒然哉。吾所恨不能遠去親近虛受國恩。

---

13) 두 종파 : 6조의 남종(南宗), 신수의 북종(北宗).

14) 도연(徒然) : 원문의 도연(徒然)은 연고가 없다는 뜻이다. 우연(偶然).

그대들은 여기에 머물지 말고 조계로 가서 의심되는 바를 물어보고, 후일 다시 돌아오거든 나에게 말해주기 바란다."

대사가 이 말을 듣고 예를 올리고 물러가서 소양에 이르러 대중을 따라 참배하고 가르침을 청했으나 온 곳을 말하지 않았다.

이때에 6조가 대중에게 말하였다.

"지금 법을 훔치러 온 이가 이 모임에 숨어 있다."

대사가 앞으로 나가서 예를 올리고 그 일을 구체적으로 말하니 6조가 말하였다.

"그대의 스승이 어떻게 대중에게 보이던가?"

"항상 대중에게 마음에 머물러 고요함을 관하고, 눕지 말고 오래 앉으라고 가르치십니다."

6조가 말하였다.

"마음에 머물러 고요함을 관하는 것은 병이지 선(禪)이 아니다. 오래 앉아서 몸을 구속하는 것이 진리에 무슨 도움이 되겠는가?

汝等諸人。無滯於此。可往曹谿質疑。他日迴復還為吾說。師聞此語禮辭至韶陽。隨眾參請不言來處。時六祖告眾曰。今有盜法之人潛在此會。師出禮拜具陳其事。祖曰。汝師若為示眾。對曰。常指誨大眾。令住心觀靜長坐不臥。祖曰。住心觀靜是病非禪。長坐拘身於理何益。

나의 게송을 들어라."

살아서는 앉아서 눕지 못하고
죽으면 누워서 앉지 못할 것이니
원래가 냄새나는 뼈무더기로
어찌 공로와 허물인들 세우랴

대사가 물었다.
"대사께서는 어떤 법으로 사람들을 가르치시는지 모르겠습니다."
6조가 말하였다.
"만일 내가 사람에게 주는 법이 있다고 한다면 곧 그대를 속이는 것이니 다만 방편으로 결박을 푸는 것을 거짓 이름으로 삼매라 한다. 나의 게송을 들어라."

聽吾偈曰。
生來坐不臥
死去臥不坐
元是臭骨頭
何為立功過
師曰。未審大師以何法誨人。祖曰。吾若言有法與人。即為誑汝。但且隨方解縛假名三昧聽吾偈曰。

일체에 무심함이 자성의 계요
일체에 걸림 없음이 자성의 혜요
더하거나 덜하지 않는 것이 자기의 금강이요
몸이 가고 오나 본래 삼매이다

대사가 게송을 듣고 뉘우쳐 감사해 하면서 곧 귀의하기를 서원하였다. 그리고는 한 게송을 바쳤다.

오온은 환의 몸이니
환이 어찌 구경이리오
돌이켜 진여에 이르려 한다면
법은 도리어 청정하지 못하네

一切無心自性戒
一切無礙自性慧
不增不退自金剛
身去身來本三昧
師聞偈悔謝。即誓依歸。乃呈一偈曰
五蘊幻身
幻何究竟
迴趣真如
法還不淨

조사가 그렇다고 하자 이에 대사는 옥천사로 돌아갔다.

祖然之。尋迴玉泉。

토끼뿔

지성 선사의 이 한 송(頌)이 옳기는 옳으나 아닐세.

더하거나 덜하지 않는 것이 자기의 금강이라 하였거늘 청정하고 청정하지 않음이 있으랴.

가고 옴 그 모두가 삼매요
앉고 서는 자체가 누림임을
백학이 누설하며 나르누나
참!

편첨산(匾檐山) 효료(曉了) 선사

효료 선사의 전기는 기록되어 있지 않다. 오직 북종(北宗)의 문인인 홀뇌징(忽雷澄)이 탑에 쓴 비문만이 세상에 널리 알려져 있으니 대략 간추리면 다음과 같다.

"대사는 편첨산에 살았고, 법호는 효료이며 6조 대사로부터 직접 법을 받은 제자이다.

대사께서 '무심의 마음을 얻었고 상 없는 상을 깨달았다 하나 상이 없다 하면 삼라만상이 눈앞에 어지러운 것이요, 마음이 없다 하면 분별이 불꽃같이 번거로운 것이다. 한마디의 말이나 한 메아리도 없어서 메아리를 전할 수도 없거늘 전해서 행했다 하랴. 말로 궁구할 수 없으므로 궁구하면 그르다'라고 하셨다.

匾檐山曉了禪師者。傳記不載。唯北宗門人忽雷澄撰塔碑盛行於世。略曰。師住匾檐山。法號曉了。六祖之嫡嗣也。師得無心之心。了無相之相。無相者森羅眩目。無心者分別熾然。絕一言一響。響莫可傳傳之行矣。言莫可窮窮之非矣。

대사는 스스로가 '없다는 없음도 없음을 얻었다 할지라도 없음 아닌 없음이며, 나는 이제 있어서 있다는 있음도 있지 않은 있음이다. 있지 않은 있음은 가고 옴에 더하지 않고, 없음이 아닌 없음은 열반에도 줄지 않는다.'라고 하셨다.

아! 대사께서 세상에 계시니 조계가 밝았고 대사께서 열반에 드시니 법의 배가 기울었다. 대사께서 말 없는 설법을 하시니 천지에 가득했고 대사께서 미혹한 무리에게 보여 대승의 뜻을 깨닫게 하셨다.

편첨산의 산색이 드리워져 더욱 평온한데 빈 골짜기에는 효료의 이름만이 남아있네."

師自得無無之無不無於無也。吾今以有有之有不有於有也。不有之有去來非增。不無之無涅槃非減。嗚呼。師住世兮曹谿明。師寂滅兮法舟傾。師譚無說兮寰宇盈。師示迷徒兮了義乘。匾擔[15]山色垂茲色。空谷猶留曉了名。

15) 원문의 담(擔)은 첨(檐)의 오자로 보인다.

토끼뿔

효료 선사편을 모두 읽고 나서 이르노라.

효료 선사 열반한지 천수백 년
어느 곳서 친히들 맞이할꼬?
서석대는 무등산 명물이다
험.

하북(河北) 지황(智隍) 선사

지황 선사는 처음에 5조의 법석(法席)에 참석하여 비록 일찍이 의심을 물어 결단하였으나 점수(漸修)의 수행에서 맴돌고 있었다. 후에 하북에 가서 띠풀로 만든 암자에서 오랫동안 앉아 있었는데 20여 년 동안 게으른 모습을 볼 수 없었다.

그러다가 6조의 문인인 책(策) 선사가 그곳을 지나면서 부지런히 법요를 구하라고 직언하자 대사는 마침내 암자를 버리고 6조에게 참례하러 갔다.

6조는 그가 멀리서 온 것을 가엾이 여겨 곧 깨우쳐 주니, 대사는 그 말끝에 활연히 깨달아 이전에 20년 동안 얻은 마음이 모두 흔적이 없어졌다. 그날 밤에 하북의 신도와 선비와 백성들은 홀연히 공중에서 소리가 나는 것을 들었다.

"지황 선사가 오늘 도를 얻었다."

나중에 하북으로 돌아가서 사부대중을 교화하였다.

河北智隍禪師者。始參五祖法席。雖嘗咨決而循乎漸行。後往河北結庵長坐。積二十餘載不見惰容。及遇六祖門人策禪師遊歷於彼。激以勤求法要。師遂捨庵往參六祖。祖愍其遠來便垂開抉。師於言下豁然契悟。前二十年所得心都無影響。其夜河北檀越士庶忽聞空中有聲曰。隍禪師今日得道也。後迴河北開化四衆。

 토끼뿔

활연히 깨달아서 마치니
하북밤 공중의 소리여
지황에게 도리어 누가 되게 하였구나

지황의 경지를 알고픈가?
호수는 하늘색과 똑같고
하늘에 떠간 구름 백로일세
험.

홍주(洪州) 법달(法達) 선사

법달 선사는 홍주 풍성(豐城) 사람으로 7세에 출가하여 『법화경』을 읽었다. 구족계를 받은 뒤에 조사[6조 혜능]에게 가서 절을 하는데 머리가 땅에 닿지 않으니 조사가 꾸짖었다.

"절을 할 때 땅에 닿지 않으면 절을 하지 않는 것과 무엇이 다르랴. 그대의 마음속에 반드시 쌓아 익힌 한 물건이 있으니 그것이 무엇인가?"

대사가 대답하였다.

"『법화경』을 염송하기를 이미 3천 번에 이르렀습니다."

"만약 그대가 만 번을 읽어서 경의 뜻을 알았다 하더라도 수승하게 여기지 않아야 나와 함께 행할 수 있다. 그대는 지금 이것에 대해 자부심을 갖고 있으면서 도무지 잘못을 알지 못하는구나. 나의 게송을 들어라."

洪州法達禪師者。洪州豐城人也。七歲出家誦法華經。進具之後來禮祖師頭不至地。祖呵曰。禮不投地何如不禮。汝心中必有一物蘊習。何事耶。師曰。念法華經已及三千部。祖曰。汝若念至萬部得其經意。不以為勝則與吾偕行。汝今負此事業都不知過。聽吾偈曰。

절은 본래 오만함을 꺾는 것인데
어찌하여 머리가 땅에 닿지 않는가
'나'라는 것이 있으면 곧 죄가 생기고
공마저 잊어야 비할 데 없는 복이니라

조사가 또 말하였다.
"그대의 이름이 무엇인가?"
대사가 대답하였다.
"법달입니다."
"그대의 이름이 법달이라지만 어찌 법을 통달했다 하겠는가? 다시 게송을 들어라."

禮本折慢幢
頭奚不至地
有我罪即生
亡功福無比
祖又曰。汝名什麼。對曰。名法達。祖曰。汝名法達。何曾達法。復說偈曰。

그대의 이름이 법달이건만
부지런히 외우기만 하고 쉬지를 못했구나
공연히 외우기만 하면 소리만 내는 것이니
마음을 밝혀야 보살이라 한다네

그대와는 지금 인연이 있기 때문에
내가 지금 그대를 위하여 말해 주노라
다만 부처님께서 말씀 없었음을 믿으면
연꽃이 입에서 필 것일세

대사가 게송을 듣고 허물을 뉘우치고 사죄하면서 말하였다.

汝今名法達
勤誦未休歇
空誦但循聲
明心號菩薩
汝今有緣故
吾今為汝說
但信佛無言
蓮華從口發
師聞偈悔過曰。

"지금부터는 일체에 겸양하고 공손하겠으니 오직 바라건대 화상께서 대자비를 베푸시어 경에서 밝힌 이치를 말씀해 주십시오."

"그대가 이 경을 외웠다 하니 무엇을 근본으로 삼고 있는가?"

"학인이 어리석어서 글자만을 읽었으니 어찌 근본 뜻을 알겠습니까?"

"그대가 시험삼아 나를 위해 한번 외워봐라. 내가 응당 그대를 위해 해설해 주리라."

대사가 곧 큰 소리로 경전을 외워 「방편품(方便品)」에 이르렀을 때 조사가 말하였다.

"그만두어라. 이 경은 원래 인연으로 세상에 나온 것으로써 근본을 삼은 것이라 했다. 비록 여러 가지 비유를 말할지라도 또한 이보다 더한 것이 없다. 무엇이 인연인가? 오직 일대사이다. 일대사라 하는 것은 곧 부처의 지견(知見)이나, 그대는 경의 뜻을 잘못 아는 것을 삼가라. 법문을 열어 보여 깨닫게 한다고 말하는 이를 보고, 이것은 부처의 지견이지 우리들의 분상은 아니라고 한다.

而今而後當謙恭一切。惟願和尚大慈。略說經中義理。祖曰。汝念此經以何為宗。師曰。學人愚鈍。從來但依文誦念。豈知宗趣。祖曰。汝試為吾念一遍。吾當為汝解說。師即高聲念經至方便品。祖曰。止。此經元來以因緣出世為宗。縱說多種譬喻。亦無越於此。何者因緣。唯一大事。一大事即佛知見也。汝慎勿錯解經意。見他道開示悟入。自是佛之知見。我輩無分。

만약 이러한 견해를 지으면 이는 경을 비방하고 부처를 헐뜯는 것이다. 그들도 이미 부처이기에 온갖 지견을 구족했거늘 어찌 다시 열어 보일 필요가 있겠는가? 그대는 지금 마땅히 믿어라. 부처의 지견이라 하는 것은 오직 네 마음일 뿐이니 다시 별다른 도리가 없다.

일체 중생이 스스로 광명을 가렸기 때문에 티끌 경계를 탐하고 좋아하여 밖의 인연과 안의 어지러움을 달게 받아들이며 치달리므로, 부처님께서 수고롭게 삼매에서 일어나 중생들에게 갖가지로 고구정녕하게 쉬라고 권하셨으니, 밖을 향하여 구하지 않으면 부처와 더불어 다름이 없다. 그러므로 말하기를 '부처의 지견을 연 것'이라고 하였다.

그대가 다만 수고롭게 외우는 것에 집착하는 것을 공부로 삼으니 어찌 이우(犛牛)[16]가 꼬리를 아끼는 것과 다르랴."

若作此解乃是謗經毀佛也。彼既是佛已具知見。何用更開。汝今當信。佛知見者。只汝自心更無別體。蓋為一切衆生自蔽光明。貪愛塵境外緣內擾甘受驅馳。便勞他從三昧起。種種苦口勸令寢息。莫向外求與佛無二。故云開佛知見。汝但勞勞執念謂為功課者。何異犛牛愛尾也。

16) 이우(犛牛) : 꼬리가 긴 소. 이우의 꼬리는 아름다워서 주로 깃발을 만드는데 사용되기에 결국 자신의 아름다운 꼬리 때문에 목숨을 잃게 된다. 『법화경』「방편품」에 오욕에 깊이 집착하는 것이 마치 이우가 꼬리를 아끼는 것과 같다고 하였다.

대사가 말하였다.

“만약 그렇다면 다만 이치만 알면 되지 수고롭게 경을 외울 필요가 없는 것입니까?”

조사가 말하였다.

“경에 무슨 허물이 있기에 그대가 외우는 것에 장애를 주리오. 다만 미혹과 깨달음은 사람에게 있고 손해와 이익은 그대를 말미암을 뿐이다. 나의 게송을 들어라.”

마음이 미혹하면 법화에 의해 구르게 되고
마음을 깨달으면 내가 법화를 굴리네
오래 외워도 마음을 밝히지 못하면
이치와는 원수가 되네

師曰。若然者但得解義。不勞誦經耶。祖曰。經有何過豈障汝念。只為迷悟在人損益由汝。聽吾偈曰。

心迷法華轉。
心悟轉法華。
誦經久不明。
與義作讎家。

생각이라는 것이 없는 생각이면 곧 바르고
생각이라는 것이 있는 생각이면 삿됨을 이루네
있음이니 없음이니를 모두 세우지 않으면
영원히 백우거(白牛車)[17]를 타리라

대사가 게송을 듣고 다시 물었다.

"경에 이르기를 '여러 큰 성문들과 보살들이 모두 생각을 다하고 사량으로 따져도 부처의 지혜를 헤아리지 못한다.'라고 하였는데, 이제 범부들로 하여금 스스로의 마음을 깨닫기만 하면 부처의 지견이라 하시니 상근(上根)의 무리가 아니면 의심과 비방을 면치 못하겠습니다. 또 경에서 세 수레를 말하였는데, 큰 소 수레와 흰 소 수레를 어떻게 구별합니까? 바라건대 화상께서 다시 베풀어 설해 주십시오."

無念念即正
有念念成邪
有無俱不計
長御白牛車

師聞偈再啓曰。經云。諸大聲聞乃至菩薩。皆盡思度量。尚不能測於佛智。今令凡夫但悟自心。便名佛之知見。自非上根未免疑謗。又經說三車。大牛之車與白牛車如何區別。願和尚再垂宣說。

17) 백우거(白牛車) : 『법화경』에 나오는 양거(羊車), 녹거(鹿車), 우거(牛車) 가운데 하나. 최상승인 일승법에 비유한 말.

조사가 말하였다.

“경의 뜻이 분명하거늘 그대가 스스로 미혹하여 등지는구나. 모든 3승(三乘)의 사람들이 부처님의 지혜를 헤아리지 못하는 것은 따지고 사량하는 병 때문이다. 가령 그대들이 사량을 다하고 함께 추측하더라도 도리어 더욱 멀어질 뿐이다. 부처님께서는 본래 범부들을 위하여 설하셨지 부처를 위해 설하시지 않았다.

만약 이 이치를 믿지 않으려는 자는 그 자리에서 물러나라. 흰소 수레에 앉은 것도 전혀 모르고 다시 문밖에서 세 가지 수레를 찾는구나.

하물며 경문에 분명히 이승도 없고 삼승도 없다 하였거늘 그대는 어찌하여 살피지 못하는가? 세 가지 수레는 거짓이니 지난날을 위한 것이요, 1승〔一乘, 최상승〕은 실제이니 지금을 위한 것이다. 다만 그대로 하여금 거짓을 버리고 실제에 나아가게 하기 위한 것일 뿐이니, 실제에 나아간 이후에는 또한 실제란 이름조차도 없는 것이다.

祖曰。經意分明。汝自迷背。諸三乘人不能測佛智者。患在度量也。饒伊盡思共推轉加懸遠。佛本為凡夫說不為佛說。此理若不肯信者從他退席。殊不知坐却白牛車。更於門外覓三車。況經文明向汝道。無二亦無三。汝何不省。三車是假為昔時故。一乘是實為今時故。只教汝去假歸實。歸實之後實亦無名。

당연히 알아야 한다. 거기에 있는 진기한 재물은 모두가 그대의 것이요, 모두 그대가 수용한 것이다. 다시는 아버지라는 생각도 말고 아들이라는 생각도 말며 또한 쓴다는 생각까지도 없이 하라. 이것을 『법화경』을 지닌 것이라고 이름한다. 겁에서 겁에 이르기까지 손에서 경을 놓은 적이 없고, 낮부터 밤에 이르기까지 외우지 않은 적이 없는 것이다."

대사는 조사가 일깨워주자 뛸 듯이 기뻐하면서 게송으로 찬탄하였다.

경을 삼천 번이나 외웠지만
조계의 한 마디에 없어졌네
세상을 벗어난 종지를 밝히지 못하면
어찌 여러 생의 광증을 쉬랴

應知所有珍財盡屬於汝由汝受用。更不作父想。亦不作子想。亦無用想。是名持法華經。從劫至劫手不釋卷。從晝至夜無不念時也。師既蒙啟發踊躍歡喜。以偈贊曰。

經誦三千部
曹谿一句亡
未明出世旨
寧歇累生狂

양과 사슴과 소로 방편 베풀어
처음과 중간과 나중으로 잘 드날렸으나
불난 집 안에 있는 아이가
원래 이 법 가운데 왕임을 누가 알았으랴

조사가 말하였다.

"그대를 지금 이후 경을 외우는 승려라 할 것이다."

대사는 이로부터 현묘한 종지를 알고 또한 경 외우는 것을 그치지 않았다.

羊鹿牛權設
初中後善揚
誰知火宅內
元是法中王

祖曰。汝今後方可名為念經僧也。師從此領玄旨。亦不輟誦持。

토끼뿔

어떤 것이 법화경인고?

보리밭 위 종달새 노래하고
노랑적삼 남치마는 나물 캐며
동산의 단소 소리 그윽하네
참!

수주(壽州) 지통(智通) 선사

지통 선사는 수주의 안풍(安豐) 사람이다. 처음에 『능가경』을 약 천여 번이나 읽었으나 삼신(三身)[18]과 사지(四智)[19]의 이치를 알지 못하여 조사[6조 혜능]에게 와서 절하고 그 이치를 해석해 달라 하니 조사가 말하였다.

"삼신이라 할 때 청정법신(淸淨法身)은 그대의 성품이요, 원만보신(圓滿報身)은 그대의 지혜요, 천백억화신(千百億化身)은 그대의 행이다.

만일에 본 성품을 떠나서 따로 삼신을 말한다면 곧 몸은 있으나 지혜가 없다고 이름하며, 만약 삼신에 각각 따로 성품이 없다는 것을 깨달으면 곧 사지의 보리라 이름한다. 나의 게송을 들어라."

壽州智通禪師者。壽州安豐人也。初看楞伽經約千餘遍而不會三身四智。禮師求解其義。祖曰。三身者。淸淨法身汝之性也。圓滿報身汝之智也。千百億化身汝之行也。若離本性別說三身。卽名有身無智。若悟三身無有自性。卽名四智菩提。聽吾偈曰。

---

18) 삼신(三身) : 법신(法身), 보신(報身), 화신(化身).
19) 사지(四智) : 삼신이 셋 아님을 아는 것.

자기 성품에 삼신이 갖추어져 있음을
밝게 깨달아 사지를 이루면
보고 듣는 인연을 여의지 않고
초연히 부처 지위에 오른다

내가 이제 그대에게 말하니
믿어 깨달아서 영원히 미혹됨이 없게 하라
지식으로 치달아 구하지 말아야 하는 것이니
종일토록 깨달음을 떠들어댈 뿐이다

대사가 물었다.
"사지의 이치를 가히 들을 수 있겠습니까?"
조사가 말하였다.

自性具三身
發明成四智
不離見聞緣
超然登佛地

吾今為汝說
諦信永無迷
莫學馳求者
終日說菩提
師曰。四智之義可得聞乎。祖曰。

"이미 삼신을 알았다면 곧 사지가 분명한데 더 이상 무엇을 묻는가? 만일에 삼신을 떠나서 따로 사지를 말한다면, 이것을 지혜는 있으나 몸이 없는 것이라 이름한다. 이러한 지혜는 도리어 지혜가 아니라 할 것이다. 다시 게송을 말하리라."

대원경지[20]란 청정한 성품이고
평등성지[21]란 마음에 병 없음이며
묘관찰지[22]란 형상이 시각에 비치어 인식된 공이 아니고
성소작지[23]란 원형의 거울과 같다 하네

既會三身便明四智。何更問耶。若離三身別譚四智。此名有智無身也。即此有智還成無智。復說偈曰

大圓鏡智性清淨
平等性智心無病
妙觀察智見非功
成所作智同圓鏡

20) 대원경지(大圓鏡智) : 바로 깨달아, 유루의 팔식(八識)을 변화시켜 무루의 큰 지혜를 이루어 이러-해서, 이상도 이하도 없음으로 영위하는 큰 지혜의 경지.

21) 평등성지(平等性智) : 바로 깨달아, 유루의 칠식(七識)인 능소경계 사이에서 생긴 생각들을 무루의 평등지로 이뤄 쓰는 것.

22) 묘관찰지(妙觀察智) : 바로 깨달아, 유루의 육식(六識)을 변화시켜 육신통을 이뤄, 육진 경계에 물들지 않는 지혜로 중생들의 근기에 응하여 올바르게 이익을 베푸는 것.

23) 성소작지(成所作智) : 바로 깨달아, 유루의 오식(五識)을 변화시켜 무루의 지혜를 이뤄, 범부와 이승들의 기틀을 따라 베풀어 그들의 이익을 성취시켜주는 것.

오식, 팔식, 육식, 칠식[24)]이 결과와 원인에서 굴림이라 하지만
이름 지어 말로 쓸 뿐 실로 성품은 없네
만일 굴린 곳마다 정(情)에 머뭄 없다면
번거로이 일으켜도 나가정〔那伽定, 大定〕에 영원히 처한 것이네[25)]

대사가 감사의 절을 하면서 게송으로 찬탄하였다.

五八六七果因轉
但用名言無實性
若於轉處不留情
繁興永處那伽定

(轉識為智者。教中云。轉前五識為成所作智。轉第六識為妙觀察智。轉第七識為平等性智。轉第八識為大圓鏡智。雖六七因中轉。五八果上轉。但轉其名而不轉其體也)。師禮謝以偈贊曰。

---

24) 오식(五識) : 오근에 의하여 일어나는 심식.
　　팔식(八識) : 근본 바탕 의식.
　　육식(六識) : 육근에 의해 대상을 깨닫는 여섯 가지 인식 작용.
　　칠식(七識) : 전달 의식. 육식과 팔식 사이.

25) 식(識)을 굴려서 지혜를 삼는다는 것은 경에 이르기를 '앞의 오식을 굴려서 성소작지를 이루고, 제육식을 굴려서 묘관찰지를 이루고, 제칠식을 굴려서 평등성지를 이루고, 제팔식을 굴려서 대원경지를 이루는 것이다. 비록 육식과 칠식이 원인 안에서 굴리고 오식과 팔식이 결과 위에서 굴리나 다만 그 이름만이 굴림일 뿐 그 본체는 굴려지지 않는다.'라고 하였다. (원주)

삼신이란 원래 나의 본래 몸이요
사지란 본래 마음의 광명이니
삼신과 사지가 원융하여 걸림이 없으면
물건에 응하고 형상을 따름에 자재하네

일으켜 수행한 것 모두가 망령된 움직임이었고
지키고 살았던 것 참된 정진 아니었네
묘한 이치 스승으로 인하여 깨닫고 나니
마쳐서는 더러워졌었다는 이름마저 없네

三身元我體
四智本心明
身智融無礙
應物任隨形
起修皆妄動
守住匪真精
妙旨因師曉
終亡污染名

토끼뿔

삼신이니 사지니 웬 분별인고?
7 · 7은 어찌해도 49니라.

강서(江西) 지철(志徹) 선사

지철 선사는 강서 사람으로 성은 장(張)씨이고 이름은 행창(行昌)이다. 젊은 시절에는 협객이었다.

남종과 북종의 두 종파로 갈라지면서부터 두 종주(宗主)는 너와 나를 따지는 생각이 없었지만, 두 곳의 제자들은 다투어 애증을 일으켰다.

이때 북종의 문인들이 제멋대로 신수(神秀) 대사를 옹립하여 제6조로 삼고, 혜능(慧能) 대사가 법을 전해 받았다는 것이 천하에 소문나는 것을 꺼렸다. 그러나 혜능 조사는 보살이라서 미리 그런 일을 알고 돈 10냥을 방장실에 놓아두었다.

이때에 행창이 북종 문인들의 청부를 받아 칼을 품고 조실로 들어가서 해치려 하였다. 조사가 목을 늘여 칼 앞에 내놓으니 행창이 세 번이나 칼로 쳤으나 도무지 다치지 않았다. 조사가 말하였다.

江西志徹禪師者。江西人也。姓張氏。名行昌。少任俠。自南北分化。二宗主雖亡彼我。而徒侶競起愛憎。時北宗門人自立秀師為第六祖。而忌能大師傳衣為天下所聞。然祖是菩薩預知其事。即置金十兩於方丈。時行昌受北宗門人之囑。懷刃入祖室將欲加害。祖舒頸而就。行昌揮刃者三都無所損。祖曰。

"바른 칼은 삿되지 않고, 삿된 칼은 바르지 않다. 다만 너에게 돈을 빚졌을 뿐 목숨을 빚지지는 않았다."

행창이 놀라서 쓰러졌다가 한참 만에 깨어나서 잘못을 사죄하고 곧 출가하기를 원하니 조사는 마침내 돈을 주면서 말하였다.

"속히 떠나라. 대중들이 도리어 너를 해칠까 걱정이다. 다른 날 모습을 바꿔서 오면 내가 응당 받아 주리라."

행창이 분부를 받고 밤중에 도망쳐 끝내는 출가승이 되어 구족계를 받고 부지런히 정진하였다.

하루는 조사의 말을 기억하고 멀리 와서 절하고 뵈니 조사가 말하였다.

"내가 오랫동안 그대를 생각했거늘 그대는 어찌하여 늦었는가?"

"전에 화상께서 죄를 용서해 주셔서 이제 비록 출가하여 고행하긴 하였으나 끝내 깊은 은혜를 갚기 어려우니 오직 법을 전해 중생을 제도하려 합니다.

正劍不邪邪劍不正。只負汝金不負汝命。行昌驚仆。久而方甦求哀悔過。即願出家。祖遂與金云。汝且去。恐徒衆翻害於汝。汝可他日易形而來。吾當攝受。行昌稟旨宵遁。終投僧出家具戒精進。一日憶祖之言。遠來禮覲。祖曰。吾久念於汝。汝來何晚。曰昨蒙和尚捨罪。今雖出家苦行終難報於深恩。其唯傳法度生乎。

제가 일찍이 『열반경』을 보았는데 항상함과 무상함의 이치를 알지 못하겠으니, 원컨대 화상께서 자비를 베푸시어 간략히 설해 주십시오."

조사가 말하였다.

"무상함이란 불성이요, 항상함이란 착하고 악한 일체 모든 법을 분별하는 마음이니라."

행창이 말하였다.

"화상께서 말씀하신 바는 경문과 크게 어긋납니다."

"나는 부처님의 정법을 전해 받았거늘 어찌 감히 부처님의 경을 어기겠는가?"

"경에서 말하기를 불성은 항상하다고 했거늘 화상께서는 도리어 무상하다고 하시고, 선하거나 악한 온갖 법과 보리의 마음은 모두가 무상하다 했거늘 화상께서는 도리어 항상한 것이라 하니, 이렇게 어기시면 저희들이 더욱 의혹을 일으키게 됩니다."

弟子嘗覽涅槃經。未曉常無常義。乞和尚慈悲略為宣說。祖曰。無常者。即佛性也。有常者。即善惡一切諸法分別心也。曰和尚所說大違經文也。祖曰。吾傳佛心印。安敢違於佛經。曰經說佛性是常。和尚却言無常。善惡諸法乃至菩提心皆是無常。和尚却言是常。此即相違。令學人轉加疑惑。

조사가 말하였다.

“『열반경』은 내가 전에 무진장 비구니가 한 번 읽는 것을 듣고 곧 강설해 주었는데, 한 글자 한 뜻도 경문과 합치되지 않은 것이 없었고, 나아가 그대에게 말한 것도 결코 다름이 없다.”

행창이 말하였다.

“학인이 아는 것이 얕고 어리석으니 원하건대 화상께서 더 자세히 열어 보여 주십시오.”

“그대가 알겠는가? 불성이 만약 항상하다면 착하거나 악한 모든 법들을 어찌 다시 말하겠는가? 나아가서 이 겁이 다 하더라도 보리의 마음을 낼 사람이 한 사람도 없으리라. 그러므로 내가 무상이라 하는 것이 진정코 부처님께서 말씀하신 참으로 항상함의 도리이다.

또 만약 일체 모든 법이 무상하다면 곧 물건마다 모두 자성이 있어 나고 죽음을 용납해 받아서 참으로 항상한 성품이 두루하지 못한 곳이 있어야 한다. 그러므로 내가 항상하다고 말한 것이 바로 부처님께서 말씀하신 참으로 무상하다는 뜻이다.

祖曰。涅槃經吾昔者聽尼無盡藏讀誦一遍。便為講說。無一字一義不合經文。乃至為汝終無二說。曰學人識量淺昧。願和尚委曲開示。祖曰。汝知否。佛性若常。更說什麼善惡諸法。乃至窮劫無有一人發菩提心者。故吾說無常。正是佛說真常之道也。又一切諸法若無常者。即物物皆有自性容受生死。而真常性有不遍之處。故吾說常者。正是佛說真無常義也。

부처님께서는 범부나 외도들이 삿된 항상함에 집착하고 모든 이승(二乘)들이 항상함을 무상하다고 계교함으로써 모두 여덟 가지 뒤바뀜〔八倒〕[26]을 이루기 때문에, 『열반경』의 요의(了義) 법문에서 그러한 치우친 소견을 깨뜨리고, 참으로 항상함과 참나〔眞我〕와 참으로 깨끗함을 드러내어 말씀하셨다.

그런데 그대는 지금 말에만 의지하고 이치를 등져서, 끊어져 없어지는 것을 무상이라 하고 확정된 것을 죽은 항상함이라 해서 부처님의 원만하고 묘한 최후의 미묘한 말씀을 잘못 알고 있으니, 설사 천 번을 읽은 들 무슨 이익이 있으랴."

행창이 홀연히 술에서 깨어난 듯 하였다. 그리고는 게송을 말하였다.

佛比為凡夫外道執於邪常。諸二乘人於常計無常共成八倒故。於涅槃了義教中破彼偏見。而顯說真常真我真淨。汝今依言背義。以斷滅無常及確定死常。而錯解佛之圓妙最後微言。縱覽千遍有何所益。行昌忽如醉醒。乃說偈曰。

---

26) 여덟 가지 뒤바뀜〔八倒〕 : 팔전도(八顚倒). 범부(凡夫)와 이승(二乘)에 각각 4도(四倒)가 있어 합하여 팔도(八倒)가 된다는 것. 세간에는 상(常)·락(樂)·아(我)·정(淨)이 없고, 열반에는 이것이 있는데, 이를 뒤집어 세간에는 이것이 있고, 열반에는 이것이 없다고 생각함을 말한다

무상(無常)한 마음을 지키기 때문에
부처님께서 유상(有常)의 성품을 말씀하셨거늘
방편을 알지 못하는 이는
봄 못에서 조약돌만 줍는 것 같네

나는 이제 공들이지 않고도
불성이 드러났으나
스승께서 주신 바도 아니요
나 또한 얻은 바도 없다네

조사가 "너는 이제 사무쳤으므로 이름을 지철이라 하라."고 하시니 대사가 절하고 물러갔다.

因守無常心。
佛說有常性。
不知方便者。
猶春池拾礫。
我今不施功。
佛性而現前。
非師相授與。
我亦無所得。
祖曰。汝今徹也。宜名志徹。師禮謝而去。

 토끼뿔

무상하지 않으면 부처 어찌 이루며
항상하지 않으면 때때로 밝지 못해
자성이 일체 때에 그 어찌 원만하랴
험.
증연아, 녹차나 한잔 따라 주려무나.

신주(信州) 지상(智常) 선사

지상 선사는 본주(本州)의 귀계(貴谿) 사람으로 어린 나이에 출가하여 견성을 목표로 삼았다.

하루는 6조를 뵈러 가니 조사가 물었다.

"너는 어디서 왔으며, 무슨 일을 구하려 하는가?"

대사가 대답하였다.

"학인은 근래에 홍주(洪州)의 건창현 백봉산(白峯山)에 가서 대통(大通) 화상을 뵈었는데, 견성 성불하는 뜻을 보여 주셨으나 여우같은 의심을 해결하지 못했습니다. 그러다가 길주(吉州)에 이르러서 사람을 만났는데 저의 미혹함을 지적해 주며 화상을 찾아뵈라 하였습니다. 엎드려 원하건대 자비를 베풀어 거두어 주십시오."

조사가 말하였다.

"그가 무슨 말을 하던가? 그대가 시험삼아 나에게 들어 보여라. 그대에게 증명해 주리라."

信州智常禪師者。本州貴谿人也。髫年出家志求見性。一日參六祖。祖問。汝從何來欲求何事。師曰。學人近往洪州建昌縣白峯山。禮大通和尚。蒙示見性成佛之義。未決狐疑。至吉州遇人指迷令投謁和尚。伏願垂慈攝受。祖曰。彼有何言句。汝試舉似於吾。與汝證明。

대사가 말하였다.

"처음 거기에 간 지 석 달 동안은 아무런 가르침도 받지 못했는데, 법을 구하는 마음이 간절해서 한밤중에 홀로 방장실에 들어가 절하고 간절히 청하였습니다.

대통 화상께서 '그대는 허공을 보았느냐?'라고 물으셨습니다. 제가 '보았습니다.'라고 대답하자, 다시 '허공에 형상과 모양이 있는 것을 보았느냐?'라고 물으시기에, 제가 '허공은 형상이 없거늘 무슨 모양이 있겠습니까?'라고 대답하였습니다.

대통 화상께서 '너의 본 성품이 마치 허공과 같아 자기의 성품을 돌이켜 관하면 한 물건도 볼 수 없으니 이것을 정견(正見)이라 이름하고, 한 물건도 없음을 알면 이것을 참답게 아는 것이라 하느니라. 푸르고 누르거나 길고 짧음이 없이 다만 본래 근본이 청정하여 깨달음의 본체가 두렷이 밝음을 보리니, 이것을 곧 견성성불이라 하고, 또한 극락세계라 하며 여래의 지견(知見)이라 이름한다.'라고 말씀하셨습니다.

師曰。初到彼三月未蒙開示。以為法切故。於中夜獨入方丈禮拜哀請。大通乃曰。汝見虛空否。對曰見。彼曰。汝見虛空有相貌否。對曰。虛空無形有何相貌。彼曰。汝之本性猶如虛空。返觀自性了無一物可見。是名正見。無一物可知。是名真知。無有青黃長短。但見本源清淨覺體圓明。即名見性成佛。亦名極樂世界。亦名如來知見。

학인이 이런 설법을 들었으나 깨달아 결단하지 못했으니, 화상께서 잘 가르쳐 보여 주셔서 의심이 없게 하여 주십시오."

조사가 말하였다.

"그 대사의 말에는 아직도 지견이 있으므로 그대로 하여금 깨닫게 하지 못하였다. 내가 이제 그대에게 한 게송을 일러 주리라."

한 법도 보지 않는다고 해도 보지 않는다는 생각이 있으면
마치 크게 뜬 구름이 해를 가린 것 같고
한 법도 앎이 없다 해도 앎을 비웠다는 생각이 있으면
도리어 허공에 번갯불이 생기는 것과 같으니라.

學人雖聞此說猶未決了。乞和尚誨示令無疑滯。祖曰。彼師所說猶存見知故。令汝未了。吾今示汝一偈曰。

不見一法存無見
大似浮雲遮日面
不知一法守空知
還如太虛生閃電

이러한 지견이 깜짝할 사이에 일어
잘못 알면 어찌 방편임을 알랴
그대가 한 생각마저도 허물임을 안다면
자신의 신령한 광명이 항상 비치리

대사가 게송을 듣고 마음이 후련해져서 게송 하나를 읊었다.

까닭 없이 알음알이를 일으켜
형상에 집착해 보리를 구했네
한 생각이라도 깨달았다는 뜻을 두면
옛날의 미혹함을 어떻게 초월하리

此之知見瞥然興
錯認何曾解方便
汝當一念自知非
自己靈光常顯見
師聞偈已心意豁然。乃述一偈曰。
無端起知解
著相求菩提
情存一念悟
寧越昔時迷

자성인 근원 몸을 깨닫고 보니
비침을 따라 까닭 없이 헤매었네
조사의 방장에 들지 않았더라면
까마득히 두 길에서 갈팡질팡 했으리

自性覺源體
隨照枉遷流
不入祖師室
茫然趣兩頭

토끼뿔

청정하여 본래에 자연이라
5 에다 5 곱하면 25니라
이런저런 모두가 보리로세

광주(廣州) 지도(志道) 선사

지도 선사는 남해(南海) 사람이다. 처음 6조를 참배하고 말하였다.

"학인이 출가한 이래 『열반경』을 10년이나 읽었지만 아직도 대의를 밝히지 못하였으니 원하건대 화상께서 가르쳐 주십시오."

조사가 말하였다.

"그대는 어느 부분을 모르는가?"

"'모든 행(行)이 무상하니, 이는 생멸의 법이다. 생멸이 다 사라진 뒤에는 적멸이 낙이 된다'라고 하였는데 여기를 모르겠습니다."

"어떻게 의심이 나는가?"

"일체 중생은 모두 두 가지 몸이 있는데 하나는 색신이요, 또 하나는 법신입니다. 색신은 무상하여 생멸이 있지만 법신은 영원하여 앎도 없고 지각함도 없습니다.

廣州志道禪師者。南海人也。初參六祖曰。學人自出家。覽涅槃經僅十餘載。未明大意。願和尚垂誨。祖曰。汝何處未了。對曰。諸行無常。是生滅法。生滅滅已。寂滅為樂。於此疑惑。祖曰。汝作麼生疑。對曰。一切眾生皆有二身。謂色身法身也。色身無常有生有滅。法身有常無知無覺。

그런데 경에서 생멸이 다 사라진 뒤에는 적멸이 즐거움이 된다고 하였으니, 어느 몸이 적멸이 되며 어느 몸이 즐거움을 받습니까? 만일 색신이라면 숨이 끊어질 때에 땅, 물, 불, 바람으로 나뉘어 흩어져서 완전히 괴로움뿐이니 즐겁다 하지 못할 것이요, 법신이 적멸이 된다면 초목이나 기왓쪽 같으리니 누가 즐거움을 받겠습니까?

또 법성은 생멸의 본체요, 오온은 생멸의 작용이니 한 본체에 다섯 가지 작용으로 생멸은 항상합니다.

생은 본체에서 작용을 일으킨 것이요, 멸은 작용을 거두어서 본체로 돌아간 것인데, 만일 다시 난다는 말을 받아들인다면 유정들은 끊이지도 않고 멸하지도 않을 것이요, 다시 난다는 말을 받아들이지 않는다면 영원히 적멸로 돌아가서 무정물과 같게 될 것입니다. 그렇다면 온갖 법은 모두가 열반에 구속되어 나지도 못하는데 무슨 즐거움이 있겠습니까?"

조사가 말하였다.

經云。生滅滅已寂滅為樂者。未審是何身寂滅何身受樂。若色身者。色身滅時。四大分散全是苦。苦不可言樂。若法身寂滅。即同草木瓦石。誰當受樂。又法性是生滅之體。五蘊是生滅之用。一體五用生滅是常。生則從體起用。滅則攝用歸體。若聽更生。即有情之類不斷不滅。若不聽更生。即永歸寂滅。同於無情之物。如是則一切諸法。被涅槃之所禁伏。尚不得生何樂之有。祖曰。

"그대는 승려면서도 어찌하여 외도의 단멸과 항상이라는 삿된 소견을 익혀서 최상승의 법을 따지려 하느냐? 그대는 육신 밖에 따로 법신이 있다고 여겨 생멸을 떠나서 적멸을 구하는구나.

또 열반의 항상한 즐거움을 받을 자가 있다고 여기니, 이는 생사에 집착되어 세상 쾌락을 탐하는 짓이다. 그대는 잘 알아야 한다.

부처님께서 이르시기를 '일체 미혹한 사람들이 오온의 화합을 자기의 본체로 잘못 알아 일체 법을 분별하여 바깥 경계라 여기고, 살기를 좋아하고 죽기를 싫어하여 끊임없이 생사에 헤매며, 꿈같이 허망한 것임을 몰라 헛되이 바퀴 돌 듯 하는 헤매임에 빠져서, 항상 즐거움인 열반을 도리어 괴로움이라 여기어 종일토록 달려 구한다'라고 하셨다.

부처님께서 이를 가엾이 여기어 열반의 진정한 즐거움을 보이신 것이니, 찰나에도 생기는 형상이 없고 찰나에도 멸하는 형상이 없으며 따라서 없앨 만한 생멸도 없다. 이것이 곧 적멸이 나타나는 것이다.

汝是釋子何習外道斷常邪見。而議最上乘法。據汝所解。即色身外別有法身。離生滅求於寂滅。又推涅槃常樂。言有身受者。斯乃執吝生死耽著世樂。汝今當知。佛為一切迷人認五蘊和合為自體相。分別一切法為外塵相。好生惡死念念遷流。不知夢幻虛假。枉受輪迴。以常樂涅槃翻為苦相終日馳求。佛愍此故乃示涅槃真樂。刹那無有生相。刹那無有滅相。更無生滅可滅。是則寂滅見前。

이렇게 나타날 때 또한 나타난다는 생각마저 없는 것을 항상한 즐거움이라 한다. 이 즐거움은 받는 이도 없고 받지 않는 이도 없거늘 어찌 하나의 본체에 다섯 작용이라는 이름이 있으랴. 하물며 열반이 모든 법을 속박해서 영원히 나지 못하게 한다 하니, 그야말로 부처를 비방하고 법을 헐뜯는 것이다. 나의 게송을 들어라."

위없는 큰 열반이
두렷이 밝아서 항상 고요히 비치거늘
어리석은 이는 죽음이라 하고
외도들은 끊으려는 것에 집착한다

當見前之時亦無見前之量。乃謂常樂。此樂無有受者。亦無不受者。豈有一體五用之名。何況更言涅槃禁伏諸法令永不生。斯乃謗佛毀法。聽吾偈曰。

無上大涅槃
圓明常寂照
凡愚謂之死
外道執為斷

모든 2승을 구하는 사람들은
보는 것으로써 무위를 지으려 하니
모두 정(情)으로 계교한 바에 속해서
62견해의 근본이 된다

망령되게 허망한 거짓 이름을 세웠거늘
어찌 진실한 이치가 되겠는가
오직 헤아림을 초월한 사람이라야
취하고 버릴 것 없음을 통달하리라

諸求二乘人
目以無為作
盡屬情所計
六十二見本
妄立虛假名
何為真實義
唯有過量人
通達無取捨

오온의 법과
오온 속의 나와
밖으로 나타난 뭇 색상들과
낱낱 음성의 상들이

평등(平等)하여 꿈과 같음을 알아서
범부와 성인이란 견해를 내지 않고
열반이란 견해도 짓지 않으면
상대와 삼세가 끊어지리라

以知五蘊法
及以蘊中我
外現衆色象
一一音聲相
平等如夢幻
不起凡聖見
不作涅槃解
二邊三際斷

항상 육근으로 응하여 작용하나
작용한다는 생각을 일으키지 않아서
일체 법을 분별하나
분별이라는 생각까지도 일으키지 않는다

겁의 불이 바다 밑바닥까지 태우고
바람이 산봉우리를 두드려대도
참되고 항상한 적멸의 즐거움인
열반의 모습은 여전히 이러-하다

常應諸根用
而不起用想
分別一切法
不起分別想
劫火燒海底
風鼓山相擊
真常寂滅樂
涅槃相如是

내가 이제 억지로 설해서
그대의 삿된 소견을 버리게 하였으니
그대가 말에 따라 끄달리지 않았다면
조그만치 알았다 하리라

대사가 게송을 듣고 뛸듯이 기뻐하면서 절하고 물러갔다.

吾今彊言說
令汝捨邪見
汝勿隨言解
許汝知少分
師聞偈。踊躍作禮而退。

토끼뿔

어떤 이가 묻기를
“어떤 것이 이러-한 열반의 참 모습입니까?” 하면 이르노라.

낮달이 구름 젖혀 내다본다.
(크게 웃고)
참!

광주(廣州) 법성사(法性寺) 인종(印宗) 화상

인종 화상은 오군(吳郡) 사람으로 성은 인(印)씨이다. 스승을 만나 출가한 뒤에 대열반부(大涅槃部)에 정통하였다. 당의 함형(咸亨) 원년에 서울에 갔을 때 대경애사(大敬愛寺)에 살라는 조칙이 있었으나 굳이 사양하고 근춘에 가서 홍인 대사를 뵈었다.

나중에 광주 법성사에서 『열반경』을 강의하다가 6조 혜능 대사를 만나서 비로소 현묘한 이치를 깨닫고 혜능 대사를 전법사(傳法師)로 삼았다. 또 양(梁)으로부터 당(唐)에 이르기까지 여러 선지식의 어록을 모아 『심요집(心要集)』을 저술하였는데 세상에 널리 알려지고 있다.

선천(先天) 2년 2월 21일에 회계산(會稽山) 묘희사(妙喜寺)에서 임종하니 수명은 87세였고, 회계의 왕인 사건(師乾)이 탑의 명을 지었다.

廣州法性寺印宗和尚者。吳郡人也。姓印氏。從師出家精涅槃大部。唐咸亨元年抵京師。勑居大敬愛寺。固辭往蘄春謁忍大師。後於廣州法性寺講涅槃經。遇六祖能大師始悟玄理。以能為傳法師。又採自梁至唐諸方達者之言。著心要集盛行于於世。先天二年二月二十一日終於會稽山妙喜寺。壽八十有七。會稽王師乾立塔銘焉。

토끼뿔

어떤 이가 묻기를
"어떤 것이 현묘한 이치입니까?" 하면 이르리라.

바다 밑에 모래사람 일을 하고
구름 위에 돌사람 경 설하며
공중의 무쇠사람 탄성일세

길주(吉州) 청원산(青原山) 행사(行思) 선사

행사 선사[27]는 본주(本州)의 안성(安城) 사람으로 성은 유(劉)씨이다. 어려서 출가하였는데 항상 여러 사람들이 모여서 토론을 하면 대사만은 잠자코 있었다.

나중에 조계의 법석이 번성한다는 말을 듣고 가서 절하고 물었다.

"어떻게 공부해야 계급에 떨어지지 않겠습니까?"

조사가 도리어 물었다.

"그대는 일찍이 어떻게 공부했었는가?"

"성인의 법마저도 짓지 않습니다."

"어떤 계급에 떨어졌는가?"

"성인의 법마저도 짓지 않거늘 무슨 계급이 있겠습니까?"

조사가 매우 기특하게 여겨서 회중에 무리가 아무리 많아도 언제나 대사를 우두머리에 있게 하니, 마치 2조가 말을 하지 않아도 달마 대사가 2조에게 나의 골수를 얻었다 한 것과 같았다.

吉州青原山行思禪師。本州安城人也。姓劉氏。幼歲出家。每群居論道師唯默然。後聞曹谿法席乃往參禮。問曰。當何所務即不落階級。祖曰。汝曾作什麼。師曰。聖諦亦不為。祖曰。落何階級。曰聖諦尚不為。何階級之有。祖深器之。會下學徒雖眾師居首焉。亦猶二祖不言少林謂之得髓矣。

27) 행사 선사(? ~ 740).

하루는 조사가 대사에게 말하였다.

“예로부터 옷과 법을 합쳐서 스승과 제자 사이에 전했으니 옷은 믿음의 표시였고 법은 마음으로 인가하는 것이었다. 나는 이제 깨달은 사람을 얻었으니 어찌 후인이 믿지 않을까 걱정하겠는가? 내가 옷을 전해 받은 뒤로 오늘까지 이렇듯 여러 번 환란을 당했는데 하물며 후대의 자손들이야 어떻겠는가? 반드시 많은 싸움이 일어나리니 옷은 산문(山門)에 남겨두고 그대는 분에 따라 한 지방을 교화하여 끊이지 않게 하라.”

대사가 법을 얻은 뒤에 길주 청원산 정거사(靜居寺)에 살았다.

6조가 열반에 들려 할 때 희천(希遷)[28]이라는 사미가 와서 6조께 물었다.

“화상께서 열반에 드신 뒤에는 누구에게 의지하오리까?”

6조가 말하였다.

“생각 사(思)자를 찾아가라.”

一日祖謂師曰。從上衣法雙行師資遞授。衣以表信。法乃印心。吾今得人何患不信。吾受衣以來遭此多難。況乎後代爭競必多。衣即留鎮山門。汝當分化一方無令斷絕。師既得法。住吉州青原山靜居寺。六祖將示滅。有沙彌希遷(即南嶽石頭和尚也)問曰。和尚百年後。希遷未審當依附何人。祖曰。尋思去。

28) 남악(南嶽) 석두(石頭) 화상이다. (원주)

조사가 세상을 떠난 뒤에 희천은 항상 조용한 곳에 단정히 앉아 죽은 듯이 고요하니 제일좌가 물었다.

"스승은 이미 열반하셨는데 공연히 앉아서 무엇을 하느냐?"

"나에게 생각 사(思)를 찾으라 유언하셨소."

"그대의 사형 가운데 행사(行思) 화상이라는 분이 계시는데, 지금 길주에 사신다. 그대의 인연은 거기에 있다. 조사는 바로 말씀하셨거늘 그대 스스로 몰랐을 뿐이다."

희천이 이 말을 듣고 곧 조사의 탑에 절하고 물러나서 곧바로 정거사로 가니, 대사가 물었다.

"어디서 오는가?"

희천이 대답하였다.

"조계에서 왔습니다."

"무엇을 얻으러 왔는가?"

"조계에 가기 전에도 잃은 것이 없었습니다."

"그렇다면 조계에는 무엇하러 갔는가?"

及祖順世。遷每於靜處端坐寂若忘生。第一座問曰。汝師已逝空坐奚為。遷曰。我稟遺誡故尋思爾。第一座曰。汝有師兄行思和尚。今住吉州。汝因緣在彼。師言甚直汝自迷耳。遷聞語便禮辭祖龕。直詣靜居。師問曰。子何方而來。遷曰。曹谿來。師曰。將得什麼來。曰未到曹谿亦不失。師曰。恁麼用去曹谿作什麼。

"조계에 가지 않았던들 어찌 잃어버리지 않은 줄 알았겠습니까?"

희천이 거듭 말하였다.

"6조께서도 화상을 아셨습니까?"

대사가 말하였다.

"그대는 지금 나를 아는가?"

"아는데 어찌 다시 앎을 얻겠습니까?"

"여러 짐승의 뿔이 많으나 기린의 뿔 하나로 만족한다."

희천이 다시 물었다.

"화상이 조계산에서 떠나 여기에 오신지 얼마나 되십니까?"

"나는 모르겠다. 그대는 언제 조계를 떠났는가?"

"희천은 조계에서 오지도 않았습니다."

"나는 그대가 온 곳 또한 알고 있다."

"화상은 바라던 어른이시거늘 차례를 짓지 마십시오."

다른 날 대사가 다시 희천에게 물었다.

"어디서 왔다 했지?"

曰若不到曹谿爭知不失。遷又問曰。曹谿大師還識和尚否。師曰。汝今識吾否。曰識又爭能識得。師曰。眾角雖多一麟足矣。遷又問。和尚自離曹谿什麼時至此間。師曰。我却不知。汝早晚離曹谿。曰希遷不從曹谿來。師曰。我亦知汝來處也。曰和尚幸是大人且莫造次。他日師復問遷。汝什麼處來。

"조계에서 왔습니다."

대사가 불자를 번쩍 들면서 물었다.

"조계에도 이런 것이 있던가?"

"조계뿐 아니라 인도에도 없습니다."

"자네는 일찍이 인도에 다녀왔구나."

"갔었다면 있다 할 것입니다."

"맞지 않으니 다시 말하라."

"화상께서는 하나의 반이라도 말씀하실 수 있습니까? 학인은 완전히 기댈 것도 없습니다."

"그대에게 말하기는 어렵지 않으나 뒷사람이 알아듣지 못할까 걱정이구나."

대사가 희천에게 편지를 주어 남악 회양에게 전하게 하면서 말하였다.

"이 글을 전하고서 속히 돌아오라. 나에게 묵은 도끼 하나가 있는데 그대에게 주어 산에 살게 해주리라."

曰曹谿來。師乃舉拂子曰。曹谿還有這箇麼。曰非但曹谿。西天亦無。師曰。子莫曾到西天否。曰若到即有也。師曰。未在。更道。曰和尚也須道取一半。莫全靠學人。師曰。不辭向汝道。恐已後無人承當。師令希遷持書與南嶽讓和尚曰。汝達書了速迴。吾有箇鈯斧子。與汝住山。

희천이 남악에 가서 글을 채 바치기도 전에 물었다.

"여러 성인들을 사모하지도 않고, 자기의 신령함을 소중히 여기지도 않을 때는 어떠합니까?"

회양이 말하였다.

"그대의 질문이 너무 도도하다. 어찌하여 낮추어서 묻지 않는가?"

희천이 말하였다.

"차라리 영원한 겁의 생사에 헤맬지언정 여러 성인들의 해탈을 구하지 않습니다."

회양이 그만두었다.

희천이 정거사로 돌아오니 대사가 물었다.

"그대가 떠난 지 오래지 않았는데 글은 전달했는가?"

"소식도 통하지 않았고 글도 전하지 않았습니다."

"왜 그랬는가?"

희천이 앞의 말을 자세히 보고하고 나서 말하였다.

遷至彼未呈書。便問。不慕諸聖不重己靈時如何。讓曰。子問太高生。何不向下問。遷曰。寧可永劫沈淪。不從諸聖求解脫。讓便休。遷迴至靜居。師問曰。子去未久送書達否。遷曰。信亦不通書亦不達。師曰。作麼生。遷擧前話了。却云。

"떠날 때에 화상께서 묵은 도끼를 준다고 하셨는데 지금 주십시오."
대사가 발 하나를 쭉 뻗어 드리우니, 희천이 절을 하였다. 그리고는 물러가서 남악으로 갔다.[29)]

하택 신회(荷澤神會)가 와서 참배하니 대사(行思)가 말하였다.
"어디서 왔는가?"
신회가 대답하였다.
"조계에서 왔습니다."
"조계의 뜻하는 바가 어떠하던가?"
신회가 몸을 흔들기만 하니 대사가 말하였다.
"아직도 막혀 있어 쓸모없구나."
"화상께서는 요사이 진금(眞金)을 사람들에게 주시지 않으십니까?"

發時蒙和尙許箇鈯斧子。便請取。師垂一足。遷禮拜。尋辭往南嶽(玄沙云。大小石頭和尙。被讓師推倒。至今起不得)。荷澤神會來參。師問曰。什麼處來。會曰。曹谿。師曰。曹谿意旨如何。會振身而已。師曰。猶滯瓦礫在。曰和尙此間莫有真金與人否。

29) 현사(玄沙)가 말하기를 "크고 적은 석두 화상이 양사(남악 회양)의 일침에 거꾸러져서 지금에 이르기까지 일어나지 못했다." 하였다. (원주)

대사가 말하였다
“설사 준다 한들 그대는 어디에 두겠는가?”[30)]

어떤 승려가 물었다.
“어떤 것이 불법의 대의입니까?”
대사가 말하였다.
“여릉(廬陵) 지방의 쌀값이 어떤가?”

대사는 석두 희천에게 법을 전하고, 당의 개원(開元) 28년 경진(庚辰) 12월 13일에 법당에 올라 대중에게 고하고 가부좌로 앉은 채 열반에 드니, 희종(僖宗)이 홍제 선사(弘濟禪師) 귀진(歸眞)의 탑이라 시호를 내렸다.

師曰。設有與汝向什麼處著(玄沙云。果然。雲居錫云。只如玄沙道果然。是真金是瓦礫)。僧問。如何是佛法大意。師曰。廬陵米作麼價。師既付法石頭。唐開元二十八年庚辰十二月十三日。陞堂告衆跏趺而逝。僖宗謚弘濟禪師歸真之塔。

30) 현사(玄沙)가 말하기를 “과연(果然)”이라고 하였다. 운거석(雲居錫)은 말하기를 “현사가 과연이라 한 것이 진금인가, 기왓쪽인가?” 하였다. (원주)

 토끼뿔

"조계의 뜻하는 바가 어떠하던가?" 했을 때

대원은 "별다른 것 있겠습니까?" 하고, 다음과 같이 게송 한 수를 지어 올렸을 것이다.

금룡은 창공에서 불을 뿜고
옥나비는 매화밭서 춤을 추는데
나무장닭 목청을 뽑음일세
험.

남악(南嶽) 회양(懷讓) 선사

회양 선사[31]는 두(杜)씨로 금주(金州) 사람이다. 15세에 형주(荊州) 옥천사(玉泉寺)로 가서 홍경 율사에 의하여 승려가 되었다. 구족계를 받은 뒤에 율장(律藏)[32]을 익히다가 하루는 스스로 탄식하기를 '출가한 이는 무위의 법을 배워야 한다'라고 하였다.

이때에 동학인 탄연(坦然)이 대사의 고매한 뜻을 짐작하고 숭산(嵩山)의 혜안(慧安) 화상에게 가라고 권고하였다. 혜안 화상이 일깨워주자 다시 조계로 가서 6조에게 참배하니 조사가 물었다.

"어디서 왔는가?"

대사가 대답하였다.

"숭산에서 왔습니다."

"어떤 물건이 이렇게 왔는가?"

"한 물건이라 해도 맞지 않습니다."

南嶽懷讓禪師者。姓杜氏。金州人也。年十五往荊州玉泉寺。依弘景律師出家。受具之後。習毘尼藏。一日自歎曰。夫出家者為無為法。時同學坦然知師志高邁。勸師謁嵩山安和尚。安啟發之。乃直詣曹谿參六祖。祖問。什麼處來。曰嵩山來。祖曰。什麼物恁麼來。曰說似一物即不中。

31) 회양 선사(677 ~ 744).

32) 율장(律藏) : 삼장(三藏)의 하나. 부처님께서 정하신 일상 생활에 지켜야 할 규칙을 말한 책.

조사가 물었다.

“닦아서 증득하였는가?”

“닦아서 증득한 일은 없지 않으나 물들은 적 없습니다.”

“이 물들은 적이 없는 것만이 부처님들이 보호해 생각하게 하신 바이다. 그대도 그렇고 나도 그렇다. 서천(西天)의 반야다라 삼장의 예언에 의하면 그대의 제자 가운데 망아지 하나가 있어서 천하 사람을 다 밟아 죽인다 했으니, 모두 그대의 마음속에만 간직해 두고 너무 급히 말하지 말라.”

대사가 활연히 계합하고 곁에서 시봉하기 15년만인 당의 선천(先天) 2년에 비로소 형악(衡岳)으로 가서 반야사(般若寺)에 살았다.

개원(開元) 때에 도일〔道一, 마조 대사〕이라는 사문이 전법원(傳法院)에서 매일 좌선을 하고 있었다. 대사는 그가 법기임을 짐작하고 곁에 가서 물었다.

“대덕은 좌선을 해서 무엇 하려 하는가?”

祖曰。還可修證否。曰修證即不無。污染即不得。祖曰。只此不污染諸佛之所護念。汝既如是吾亦如是。西天般若多羅讖。汝足下出一馬駒。蹋殺天下人。並在汝心不須速說。師豁然契會。執侍左右一十五載。唐先天二年始往衡嶽居般若寺。開元中有沙門道一(即馬祖大師也)住傳法院常日坐禪。師知是法器。往問曰。大德坐禪圖什麼。

도일이 말하였다.

"부처가 되려 합니다."

대사는 바로 나가 벽돌 하나를 가지고 와서 절 앞의 바위 위에다 갈았다. 도일이 이를 보고 물었다.

"벽돌을 갈아 무엇을 하시렵니까?"

"거울을 만들려 하네."

"벽돌을 간다고 어찌 거울이 되겠습니까?"

"벽돌을 갈아서 거울이 될 수 없거늘 좌선을 한들 어찌 부처를 이루겠는가?"

"어찌 하여야 하겠습니까?"

"사람이 소 수레를 몰고 가는데 수레가 가지 않으면 수레를 때려야 하겠는가, 소를 때려야 하겠는가?"

도일이 대답이 없으니 대사가 다시 말하였다.

"그대는 좌선을 배우는가? 앉아서 부처되기를 배우는가? 만일 좌선을 배운다면 좌선은 앉고 눕는 데 있지 않고, 만일 앉아서 부처되기를 배운다면 부처는 정한 형상이 아니다.

一日。圖作佛。師乃取一甎。於彼庵前石上磨。一日。磨甎作麼。師曰。磨作鏡。一日。磨甎豈得成鏡耶。師曰。磨甎旣不成鏡。坐禪豈得成佛耶。一日。如何即是。師曰。如人牛駕車。車不行。打車即是。打牛即是。一無對。師又曰。汝爲學坐禪。為學坐佛。若學坐禪禪非坐臥。若學坐佛佛非定相。

머묾이 없는 법으로 대하여 취하지도 버리지도 말라. 그대가 만일 앉는 것으로 부처라 하면 그것은 부처를 죽이는 일이니, 앉는 상에 집착된다면 그 이치를 통달하지 못한다."

도일이 대사의 가르침을 받고 마치 제호(醍醐)[33]를 마신 것같이 기뻐하면서 절하고 다시 물었다.

"어떻게 마음을 써야 무상삼매(無相三昧)[34]에 부합되겠습니까?"

대사가 말하였다.

"그대가 심지법문(心地法門)을 배우는 것은 종자를 뿌리는 것과 같고, 내가 법요(法要)[35]를 설하는 것은 하늘에서 비를 뿌리는 것과 같으니 그대의 인연이 맞아 도를 본 것이다."

"도는 빛이나 형상이 아니거늘 어떻게 보았다 하십니까?"

"심지법을 보는 눈이라야 도를 볼 수 있으니 무상삼매의 경우도 그렇다."

於無住法不應取捨。汝若坐佛即是殺佛。若執坐相非達其理。一聞示誨如飮醍醐。禮拜問曰。如何用心即合無相三昧。師曰。汝學心地法門如下種子。我說法要譬彼天澤。汝緣合故當見其道。又問曰。道非色相。云何能見。師曰。心地法眼能見乎道。無相三昧亦復然矣。

---

33) 제호(醍醐) : 우유를 정제하여 만든 음식으로 불법의 지극한 묘리를 비유.

34) 무상삼매(無相三昧) : 일어남이 없는 정심(定心).

35) 법요(法要) : 불법 중 가장 요긴한 것만을 간추린 것.

도일이 물었다.
"이루어짐과 무너짐이 있습니까?"
대사가 말하였다.
"만일 이루어짐, 무너짐, 모임, 흩어짐 따위로써 도를 보면 도를 바로 본 것이 아니다. 나의 게송을 들어라."

마음의 바탕에 모든 종자 머금어져
비와 이슬 만남에 모두 다 싹이 트나
삼매의 꽃핌이라 형상이 없거늘
무엇이 무너지고 무엇이 이뤄지랴

대사가 도일을 깨우쳐주자 마음과 뜻이 활연히 열리어 시봉을 시작하여 10년에 이르니 도일의 심오하고 그윽함은 날로 더해졌다.

一曰。有成壞否。師曰。若以成壞聚散而見道者。非見道也。聽吾偈曰。
心地含諸種
遇澤悉皆萌
三昧華無相
何壞復何成
一蒙開悟心意超然。侍奉十秋日益玄奧。

대사에게 입실한 제자가 모두 여섯 명이었는데 그들에게 각각 인가하는 말을 해주었다.

"그대들 여섯 사람이 함께 나의 몸을 증득하여 제각기 한 길로 계합되었으니, 한 사람은 나의 눈썹을 얻어서 위의(威儀)[36]에 능숙하고,[37] 한 사람은 나의 눈을 얻어서 돌이켜 봄에 능숙하고,[38] 한 사람은 나의 귀를 얻어서 진리를 듣는 데에 능숙하고,[39] 한 사람은 나의 코를 얻어서 기(氣)를 아는 데 능숙하고,[40] 한 사람은 나의 혀를 얻어서 설법에 능숙하고,[41] 한사람은 나의 마음을 얻어서 고금(古今)을 알기에 능숙하다.[42]"

또 말하였다.

"일체 법이 마음에서 생기나 마음에는 생긴 바도 없어서, 법에도 머무름이 없다.

師入室弟子總有六人。師各印可云。汝等六人同證吾身各契一路。一人得吾眉善威儀(常浩)。一人得吾眼善顧眄(智達)。一人得吾耳善聽理(坦然)。一人得吾鼻善知氣(神照)。一人得吾舌善譚說(嚴峻)。一人得吾心善古今(道一)。又曰。一切法皆從心生。心無所生法無能住。

---

36) 위의(威儀) : 위엄이 있는 몸가짐. 모든 행위가 예법에 맞고 방정하여 숭배할 생각을 내게 하는 태도.
37) 상호(常浩) 선사. (원주)
38) 지달(智達) 선사. (원주)
39) 탄연(坦然) 선사. (원주)
40) 신조(新照) 선사. (원주)
41) 엄준(嚴峻) 선사. (원주)
42) 도일(道一) 선사. (원주)

만일에 마음 바탕을 통달하면 하는 일마다 걸림이 없으나 상근기의 무리를 만나기 전에는 마땅히 삼가 하는 것이 좋으니라."

어떤 대덕이 물었다.

"거울로 해서 물상(物像)이 이루어졌건만 물상이 이루어진 뒤에는 거울의 밝음이 어디로 갔습니까?"

대사가 말하였다.

"대덕의 어릴 적 모습은 어디로 갔는가?"[43)]

"다만 물상이 이루어진 뒤에는 어찌하여 거울이 비치지 못하는가 했을 뿐입니다."

"비록 그렇게 거울이 비치지 못한다고들 하나 속일만한 다른 것이라고는 한 티끌도 없다."

나중에 마조(馬祖) 대사가 강서(江西)에서 교화를 펴고 있었는데 하루는 대사〔회양 선사〕가 대중에게 말하였다.

若達心地所作無礙。非遇上根宜慎辭哉。有一大德。問如鏡鑄像。像成後鏡明向什麼處去。師曰。如大德為童子時相貌何在(法眼別云阿那箇是大德鑄成底像)。曰只如像成後。為什麼不鑑照。師曰。雖然不鑑照。謾他一點不得。後馬大師闡化於江西。師問眾曰。

43) 법안(法眼)이 따로 말하기를 "어떤 것이 대덕이 부어서 만든 물상인가?" 하였다.(원주)

"요즘 도일이 대중에게 설법을 한다더냐?"

대중이 대답하였다.

"이미 대중을 위해 설법을 합니다."

"아무도 소식을 전해오는 이가 없구나."

대중이 잠자코 있었다. 그러자 승려 한 사람을 뽑아 보내면서 말하였다.

"그가 법상에 오르기를 기다렸다가 그저 '어떠하오'라고 물어라. 그래서 그가 대답하는 말을 낱낱이 기억해 오라."

그 승려가 모든 것을 지시대로 하고 돌아와서 대사에게 말하였다.

"마조 대사가 '난리를 겪은 후 30년 동안 한 번도 소금과 간장 먹는 일을 거르지 않았다.'라고 합니다."

대사가 고개를 끄덕였다.

천보(天寶) 3년 8월 11일에 형악(衡嶽)에서 열반에 드니, 대혜선사 최승륜(大慧禪師最勝輪)의 탑이라고 시호를 내렸다.

道一為眾說法否。眾曰。已為眾說法。師曰。總未見人持箇消息來。眾無對因師遣一僧去云。待伊上堂時。但問作麼生。伊道底言語記將來。僧去一如師旨。迴謂師曰。馬師云。自從胡亂後三十年不曾闕鹽醬喫。師然之。天寶三年八月十一日圓寂於衡嶽。勅謚大慧禪師最勝輪之塔。

토끼뿔

어떤 대덕이 묻기를 "거울로 해서 물상(物像)이 이루어졌건만 물상이 이루어진 뒤에는 거울의 밝음이 어디로 갔습니까?" 하니, 대사가 말하기를 "대덕의 어릴 적 모습은 어디로 갔는가?" 했는데

대원은 "대덕의 말도 옳기는 하나 상처의 흔적이 아직 크다." 하노라.

대원이라면 "대덕의 어릴 적 모습은 어디로 갔는가?" 하면
"화상이시여! 저의 이름을 한 번 불러주십시오." 해서
화상께서 "대원 아닌가?" 하든가 혹 "대원!" 하면
"감사합니다."라고만 했을 것이다.

온주(溫州) 영가(永嘉) 현각(玄覺) 선사

현각 선사[44]는 영가 사람으로 성은 대(戴)씨이다. 어릴 때에 출가하여 삼장(三藏)[45]을 두루 탐구하였다. 특히 천태지관(天台止觀)의 원묘한 법문에 정통하여 네 가지 위의 가운데 항상 선관(禪觀)으로 깊이 사무쳐 있다가 나중에 좌계(左谿) 현랑(玄朗) 선사의 격려를 받고, 동양(東陽)의 책(策) 선사와 함께 조계로 갔다.

처음에 조계에 이르러 주장자와 병을 들고 조사〔6조〕를 세 번 돌고 우뚝 서 있으니 조사가 말하였다.

"사문이라면 모름지기 3천 위의(威儀)와 8만 세행(細行)을 갖추어야 하는데 대덕은 어디서 왔기에 도도한 아만을 부리는가?"

대사가 대답하였다.

"나고 죽는 일이 커서 무상이 신속하기 때문입니다."

溫州永嘉玄覺禪師者。永嘉人也。姓戴氏。丱歲出家遍探三藏。精天台止觀圓妙法門。於四威儀中常冥禪觀。後因左谿朗禪師激勵。與東陽策禪師同詣曹谿。初到振錫携瓶。繞祖三匝卓然而立。祖曰。夫沙門者具三千威儀八萬細行。大德自何方而來生大我慢。師曰。生死事大無常迅速。

---

44) 현각 선사(665 ~ 713).

45) 삼장(三藏) : 대승, 소승의 모든 경(經), 율(律), 론(論).

조사가 말하였다.

"어찌하여 남이 없음을 깨달아 빠름이 없음을 요달치 못했는가?"

"본체에는 남이라는 것이 없고, 요달함에는 본래 빠름이라는 것도 없습니다."

"그러하고 그러하니라."

이때에 대중이 모두가 깜짝 놀랐다. 대사는 그제야 비로소 자세를 갖추어 절을 하더니, 곧 하직을 아뢰었다. 조사가 말하였다.

"너무 빠르지 않는가?"

대사가 대답하였다.

"본래 움직이지 않았거늘 어찌 빠를 것이 있겠습니까?"

"누가 움직이지 않음을 아는가?"

"인자께서 스스로 분별하는 마음을 내십니다."

"그대는 무생(無生)의 뜻을 매우 잘 터득하였구나."

"무생이거늘 어찌 뜻이라는 것인들 있겠습니까?"

"뜻이 없다면 누가 분별하는가?"

"분별하는 것도 뜻이 아닙니다."

祖曰。何不體取無生了無速乎。曰體即無生。了本無速。祖曰。如是如是。於時大衆無不愕然。師方具威儀參禮。須臾告辭。祖曰。返太速乎。師曰。本自非動豈有速耶。祖曰。誰知非動。曰仁者自生分別。祖曰。汝甚得無生之意。曰無生豈有意耶。祖曰。無意誰當分別。曰分別亦非意。

조사가 탄복하면서 말하였다.

"착하고 착하다. 하룻밤이나 쉬어가거라."

그리하여 그때 사람들이 일숙각(一宿覺)이라 하였다.

책공(策公)도 대사를 만류하므로 이튿날 산을 내려와 온강(溫江)으로 돌아가니 배우는 이들이 밀물같이 모여들었다.

호는 진각 대사라 하였고 「증도가(證道歌)」 한 편을 저술하였다. 또 선종의 깨닫고 닦는 두렷한 이치를 얕은 곳에서 깊은 곳에 이르도록 자세히 저술하였는데, 경주(慶州) 자사(刺史) 위정이 모아서 서문을 내고 10편으로 묶어서 『영가집(永嘉集)』이라 하니 모두가 세상에 널리 알려졌다.

제1. 도를 사모하는 마음과 자세

도를 닦으려면 먼저 그 뜻을 세우고 스승을 섬겨야 한다. 지켜야 할 규칙은 궤칙(軌則)에 있다. 그러므로 제1로 이를 밝혀 도를 사모하는 자세를 드러냈다.

祖歎曰。善哉善哉。少留一宿。時謂一宿覺矣。策公乃留師。翌日下山迴溫江。學者輻湊。號真覺大師。著證道歌一首。及禪宗悟修圓旨自淺之深。慶州刺史魏靖。緝而序之成十篇。目為永嘉集並盛行於世。慕道志儀第一夫欲修道先須立志及事師。儀則彰乎軌則[46]。故標第一明慕道儀式。

46) 則이 송 원나라본에는 訓으로 되어 있다.

제2. 교만과 사치를 경계함

처음에 비록 뜻을 세워 도를 닦고 법칙을 잘 알았다 하더라도 삼업(三業)[47]으로 해서 교만하고 사치하면 허망한 마음이 요동하니 어찌 선정을 얻을 수 있으리요. 그러므로 제2로 이를 밝혀 교만과 사치를 경계하였다.

제3. 삼업을 청정히 닦음

앞에서 교만과 사치를 경계한 것은 근본 요점만을 대략 표시한 것이니, 이제 더 자세히 점검하여 허물이 생기지 않게 해야 한다.

그러므로 제3에 이를 밝혀 삼업을 깨끗이 닦아서 몸과 입과 뜻을 경계하게 하였다.

제4. 사마타[48]의 게송

이미 몸과 입을 단속하여 거칠은 허물이 생기지 않게 하였으면 다음은 마땅히 입문해야 한다.

戒憍奢意第二初雖立志修道善識軌儀。若三業憍奢妄心擾動。何能得定。故次第二明戒憍奢意也。淨修三業第三前戒憍奢略標綱要。今子細檢責令過不生。故次第三明淨修三業。戒乎身口意也。奢摩他頌第四已檢責身口令麤過不生。次須入門

47) 삼업(三業) : 몸, 입, 뜻으로 짓는 업.

48) 사마타 : 지(止)라는 뜻으로 대상에 대해 마음이 동요되지 않고 고요한 상태를 말한다.

도를 닦는 차례는 정혜(定慧)와 다섯 가지 일으키는 마음과 여섯 가지 헤아려 가려냄에서 벗어나지 않는다. 그러므로 제4에 사마타의 송으로 밝혔다.

제5. 비파사나[49]의 게송

계행이 아니면 선정을 닦을 수 없고, 선정을 닦지 않으면 지혜가 생기지 않는다. 위에서 이미 선정을 닦아 선정이 오래 되면 지혜가 밝아진다. 그러므로 제5에 비파사나 게송으로 밝혔다.

제6. 우필차[50]의 게송

선정만을 치우쳐 닦아 선정에만 오래 잠기면 침체되고 지혜만을 치우쳐 배우면 지혜가 많아지므로 마음이 요동하게 된다.

그러므로 차례로 제6에서 우필차 게송으로 밝혀 선정과 지혜를 평등히 하여 침체되거나 요동치지 않게 하고, 선정과 지혜를 균등하게 하여 두 끝을 여의게 하였다.

修道漸次不出定慧。五種起心。六種料簡。故次第四明奢摩他頌也。毘婆舍那頌第五非戒不禪。非禪不慧。上既修定。定久慧明。故次第五明毘婆舍那頌也。優畢叉頌第六偏修於定定久則沈。偏學於慧慧多心動。故次第六明優畢叉頌。等於定慧令不沈動。使定慧均等捨於二邊。

49) 비파사나 : 관(觀), 능견(能見), 정견(正見), 관찰(觀察)이라고도 하며 여러 가지 현상을 관조하는 수행법이다.

50) 우필차(優畢叉) : 마음을 평등하게 가져서 한쪽에 치우치지 않는 것을 말한다. 지관평등(止觀平等).

제7. 삼승의 점차

선정과 지혜가 균등하면 고요하되 항상 비치리니 세 관법이 한 마음이거늘 어찌 의심을 버리지 못할 것이며 어찌 비침이 원만하지 못하랴. 스스로의 지혜는 비록 밝았으나 남을 가엾이 여기는 일은 깨닫지 못했으니 깨달음에는 깊고 얕음이 있다. 그러므로 제7에 삼승의 점차를 밝혔다.

제8. 현실과 이치는 둘이 아님

삼승으로 이치를 깨달아 이치를 다하지 아니함이 없게 함이라. 이치를 궁구하건대 현실이고 현실을 깨달으면 곧 이치이다. 그러므로 제8에 현실과 이치가 둘이 아님을 밝혀 현실 그대로가 곧 참 씀임을 알아 뒤바뀐 소견을 버리게 하였다.

제9. 벗에게 권하는 글

현실과 진리가 융합하고 속마음이 저절로 밝아졌다고 해서 다시 배우기를 멀리하고 헛되이 세월을 보내는 것을 가엾이 여긴다. 그러므로 제9에 벗에게 권하는 글을 밝혔다.

三乘漸次第七定慧既均則寂而常照。三觀一心。何疑不遣。何照不圓。自解雖明悲他未悟。悟有深淺。故次第七明三乘漸次也。事理不二第八三乘悟理理無不窮。窮理在事了事即理。故次第八明事理不二。即事而真用祛倒見也。勸友人書第九事理既融內心自瑩。復悲遠學虛擲寸陰。故次第九明勸友人書也。

제10. 발원문

벗을 권고하는 일이 비록 남을 가엾이 여기는 일이기는 하나 마음을 한 곳에만 두면 정(情)이 두루 하지 못한다. 그러므로 제10에 발원문을 밝히어 온갖 유정을 다 제도할 것을 서원하게 하였다.

다음은 마음을 관찰하는 열 가지 문이니, 제1은 법을 말하고, 제2는 관법의 본체를 드러내고, 제3은 상응함을 이야기하고, 제4는 교만을 경계하고, 제5는 게으름을 경계하고, 제6은 관법의 본체를 거듭 드러내고, 제7은 시비를 밝히고, 제8은 종지를 간추리고, 제9는 어디서나 관법을 이루고, 제10은 현묘한 근원에 묘하게 부합하는 것이다.

제1. 법을 말하다

심성은 비어 두루 통하여 움직임과 고요의 근원이 둘이 아니며, 진여는 사려가 끊어진 것이나 반연하고 헤아리는 생각이라 해서 다른 것은 아니다.

發願文第十勸友人雖是悲他。專心在一情猶未普。故次第十明發願文誓度一切。復次觀心十門。初則言其法爾。次則出其觀體。三則語其相應。四則警其上慢。五則誡其踈怠。六則重出觀體。七則明其是非。八則簡其詮旨。九則觸途成觀。十則妙契玄源。第一言法爾者。夫心性虛通動靜之源莫二。真如絕慮緣計之念非殊。

미혹한 소견이 어지러이 일어나나 궁극에는 온통인 고요함 뿐이요, 신령스런 근원은 형용할 수 없으나 비칠 때에는 천차만별이다. 천차만별로 같지 않으니 법안(法眼)이라는 이름이 저절로 성립되고, 온통인 고요함에는 다른 것이 없으나 혜안(慧眼)이라는 명칭이 엄연히 존재하고, 이치와 헤아림이 쌍으로 사라지므로 불안(佛眼)의 공덕이 원만해진다. 그러므로 삼제(三諦)[51]가 온통인 경계여서 법신의 이치가 항상 청정하고, 삼지(三智)[52]가 한 마음이어서 반야의 광명이 항상 비치고, 경계와 지혜가 묘하게 부합하니 해탈의 감응이 근기를 따라 나타나나 세로도 가로도 아니니, 원이(圓伊)의 도가 현묘한 것을 안다.

그러므로 삼덕(三德)[53]의 묘한 성품이 완연하여 한 마음을 벗어나지 않는 것을 알 수 있으니, 깊고 넓어서 생각하기 어려워 길도 없는데 어찌 벗어남을 구하랴.

惑見紛馳。窮之則唯一寂。靈源不狀。鑒之則以千差。千差不同。法眼之名自立。一寂非異。慧眼之號斯存。理量雙銷。佛眼之功圓著。是以三諦一境。法身之理常清。三智一心般若之明常照。境智冥合解脫之應隨機。非縱非橫圓伊之道玄會。故知三德妙性宛爾無乖一心。深廣難思何出要而非路。

---

51) 삼제(三諦) : 공제(空諦), 가제(假諦), 중제(中諦)의 3가지 진리.
52) 삼지(三智) : 여량지(如量智), 여리지(如理智), 제일의지(第一義智).
53) 삼덕(三德) : 법신덕(法身德), 반야덕(般若德), 해탈덕(解脫德).

이러한즉 마음이 곧 도인데 어찌 가지에서 찾아 근원을 얻겠는가?

제2. 관법으로 본체를 드러내다

다만 온통인 생각은 곧 공이라 하나 공도 아니며, 공이 아니라 하나 공아님도 아님을 아는 것이다.

제3. 서로 응함을 말하다

마음이 공과 상응하면 헐뜯음과 칭찬함에 무슨 근심과 기쁨이 있으며, 몸이 공에 상응하면 칼로 베거나 향을 바름에 어찌 괴로움과 즐거움이 있으랴. 의보(依報)[54]가 공에 상응하면 보시함과 빼앗음에 무슨 얻음과 잃음이 있으며, 마음이 공이라 하나 공도 아님에 상응하면 애욕의 소견이 모두 없어져서 자비로 널리 구제하리라.

몸이 공이라 하나 공도 아님에 상응하면 안으로는 마른 나무 같으나 밖으로 위의를 나타내리라. 의보가 공이라 하나 공도 아님에 상응하면 탐욕을 영원히 끊어서 재물로써 구제하여 베풀리라.

是以即心為道者。可謂尋流而得源。第二出其觀體者。只知一念即空不空非空非不空。第三語其相應者。心與空相應。則譏毀讚譽何憂何喜。身與空相應。則刀割香塗何苦何樂。依報與空相應。則施與劫奪何得何失。心與空不空相應則愛見都忘慈悲普救。身與空不空相應。則內同枯木外現威儀。依報與空不空相應。則永絕貪求資財給濟。

---

54) 의보(依報) : 중생이 의지하는 과보. 국토, 가옥, 의복, 식물 등.

마음이 공이라 하나 공도 아니며 공이 아니라 하나 공 아님도 아님에 상응하면 실상이니, 본래의 밝음인 부처의 지견이 열리리라. 몸이 공이라 하나 공도 아니며 공이 아니라 하나 공 아님도 아님에 상응하면 한 티끌에서 삼매에 드니, 모든 티끌 삼매가 일어나니라. 의보가 공이라 하나 공도 아니며 공이 아니라 하나 공 아님도 아님에 상응하면, 향기로운 대궐과 보배 누각으로 장엄한 국토에 화하여 나리라.

제4. 교만함을 경계하다

만일 그렇지 않으면 상응하지 못하기 때문이다.

제5. 게으름을 경계하다

바다를 건너려면 배를 타야 하니 배가 아니면 어찌 건너랴. 마음을 닦으려면 반드시 관법을 닦아야 하니, 관법이 아니면 어찌 마음을 밝히랴. 마음도 밝히지 못했다면 어느 날에 상응하랴. 잘 생각해서 스스로 자만하지 말라.

제6. 관법의 본체를 거듭 드러내다

心與空不空非空非不空相應。則實相初明開佛知見。身與空不空非空非不空相應。則一塵入正受。諸塵三昧起。依報與空不空非空非不空相應。則香臺寶閣嚴土化生。第四警其上慢者。若不爾者則未相應也。第五誡其踈怠者。然渡海應上船。非船何以能渡。修心必須入觀。非觀何以明心。心尚未明相應何日。思之勿自恃也。第六重出觀體者。

온통인 생각이 공이라 하나 공도 아니어서, 있음도 아니고 없음도 아닌 것임을 안다지만, 생각 그대로가 공이라 하나 공도 아니며, 있음이 아닌 것도 아니고, 없음이 아닌 것도 아니어서 아는 것도 아니다.

제7. 옳고 그름을 밝히다

마음은 있는 것도 아니며 없는 것도 아니며 있지 않은 것도 아니며 없지 않은 것도 아니다. 있다거나 없다거나 하면 긍정에 빠지고, 있지 않다거나 없지 않다거나 하면 부정에 빠진다.

이와 같이 다만 옳다거나 옳지 않다는 것도 아니며, 옳은 것도 아니고 그른 것도 아니라는 것도 아니다. 이제 둘 다 아님으로 양단을 부숴버리면 옳은 것을 옳다고 하는 그름이 부서져 옳다고 하는 것이 오히려 옳은 것도 아니다.

또 둘 다 아님으로 양단을 부숴버리면 그릇된 것이 그르다는 그름마저 부서져 그르다 함마저 즉시 옳음이니라.

이와 같이 다만 옳고 그르다는 시비가 아니어야 옳은 것이다.

只知一念即空不空非有非無。不知即念即空不空非非有非非無。第七明其是非者。心不是有。心不是無。心不非有。心不非無。是有是無即墮是。非有非無即墮非。如是只是是非之非。未是非是非非之是。今以雙非破兩。是是破非是猶是非。又以雙非破兩。非非破非非即是是。如是只是非是非非之是。

옳은 것도 아니고 그른 것도 아니라 하지만 옳은 것도 아니고 그른 것도 아니라는 것도 아니어서 옳지 않은 것도 아니다. 시비의 미혹으로는 미세하여 보기 어려우니 정신을 맑게 하고 생각을 고요히 하여 자세히 궁구하여야 한다.

제8. 종지(宗旨)를 간추리다

지극한 이치는 말이 아니나 말과 글을 빌리어 종지를 밝히고, 종지는 관법이 아니나 관법으로 닦음으로써 종지를 밝히게 된다. 만약 종지를 밝히지 못하면 말이 옳지 못하고, 종지를 밝히지 못하는 까닭은 관조가 깊지 못하기 때문이다. 깊이 관조하여 그 종지를 알게 되면 반드시 말이 옳아 그 종지를 밝힐 것이다. 종지를 밝게 알았다면 관법이 어찌 따로 있다 말하랴.

제9. 어디서나 관법을 이룬다

언어로 말하여 본체 관함을 거듭 표방하는 것은 종지를 밝히고자 하는 것이니, 관법에는 다른 말이 없으나 방편에 있어서 다를 뿐이다.

未是不非不不非不是不不是。是非之惑綿微難見。神清慮靜細而研之。第八簡其詮旨者。然而至理無言。假文言以明其旨。旨宗非觀。藉修觀以會其宗。若旨之未明。則言之未的。若宗之未會。則觀之未深。深觀乃會其宗。的言必明其旨。旨宗既其明會。言觀何得復存耶。第九觸途成觀者。夫再演言詞重標觀體。欲明宗旨無異言觀。有逐方移。

방편에 있어서는 다르지만 진리를 말함에는 어긋남이 없어야 하니 종지를 관하여 다른 것이 없어야 어긋남이 없다. 다른 것 없는 종지가 곧 진리이며 어긋남 없는 진리가 곧 종지이다. 종지는 하나이나 이름은 둘이니 관법으로 밝혀 말하여 곡조를 이어가게 하였다.

제10. 현묘한 근원에 묘하게 계합한다

마음을 깨달은 이가 어찌 관법에 집착하여 종지를 미혹하고, 교리에 통달한 사람이 어찌 말에 막혀 이치에 어두우랴. 이치에 밝으면 말길이 끊어졌거니 어찌 말로써 논의하며, 종지를 알면 마음 쓸 곳이 사라졌거니 어찌 관법인들 생각하겠는가. 마음과 말로써 생각하고 논의할 수 없다면 중심인 본체에 묘하게 계합하리라.

대사는 선천(先天) 2년 10월 17일에 조용히 앉아서 열반에 드니, 11월 13일에 서산 양지에 탑을 세웠다. 무상(無相) 대사라는 시호를 하사하고 탑호는 정광(淨光)이라 하였다. 황조(皇朝)의 순화(淳化) 때에 태종황제가 본주에 명령하여 탑실을 중수하였다.

方移則言理無差。無差則觀旨不異。不異之旨即理。無差之理即宗。旨一而二名言觀明其弄胤耳。第十妙契玄源者。夫悟心之士。寧執觀而迷旨。達教之人。豈滯言而惑理。理明則言語道斷。何言之能議。旨會則心行處滅。何觀之能思。心言不能思議者。可謂妙契寰中矣。師先天二年十月十七日安坐示滅。十一月十三日塔於西山之陽。勅謚無相大師。塔曰淨光。皇朝淳化中太宗皇帝詔本州重修龕塔。

토끼뿔

영가집 10편과 마음을 관찰하는 10문이 처음 마음 닦는 이들을 점차 깊은 경지로 이끌어 가는데 자상하려다 보니 허물 아닌 허물이 없지 않다.

본래에 이러-히 밝음이여
돌사내 봄풍경 읊음이고
스스로 자유자재 함이여
옥녀가 구멍 없는 피리 붊이며
함 없는 함으로써 즐김이여
목인의 흥에 취한 춤이로세

사공산(司空山) 본정(本淨) 선사

본정 선사[55]는 강주(絳州) 사람으로 성은 장(張)씨이다. 어릴 때 승려가 되어 조계에 가서 수기를 받았고 사공산(司空山) 무상사(無相寺)에 승적을 두었다.

당의 천보(天寶) 3년에 현종(玄宗)이 중사(中使)[56]인 양광정을 산으로 보내 상춘등(常春藤)[57]을 캐오라 했는데, 지나는 길에 방장으로 들어와 절하고 물었다.

"저는 스님을 뵙고자 한 지 오래입니다. 바라건대 자비를 베푸시어 열어 보여 주십시오."

대사가 말하였다.

"천하 선종의 석학들이 모두 서울로 모이니 천사(天使)께서 조정으로 돌아가시면 물어 결단할 수 있을 것이오. 나는 산수에 의지해서 살 뿐 마음 쓰는 바가 없소."

司空山本淨禪師者。絳州人也。姓張氏。幼歲披緇於曹谿之室受記。隸司空山無相寺。唐天寶三年玄宗遣中使楊光庭入山采常春藤。因造丈室禮問曰。弟子慕道斯久。願和尚慈悲略垂開示。師曰。天下禪宗碩學咸會京師。天使歸朝足可咨決。貧道隈山傍水無所用心。

---

55) 본정 선사(577 ~ 671).
56) 중사(中使) : 궁중에서 왕명을 전하는 내시.
57) 상춘등(常春藤) : 드릅나무과에 속하는 상록안목.

광정이 울면서 절을 하니 대사가 말하였다.

"나에게 절을 하지 마시오. 그대는 부처를 구하는가요, 도를 묻는가요?"

"저는 지혜가 어두워서 모르겠으니 부처와 도는 어떻게 다릅니까?"

"부처를 구한다면 마음이 바로 부처요, 도를 알고자 한다면 무심(無心)이 곧 도요."

"어찌하여 마음이 바로 부처입니까?"

"부처는 마음을 깨달음으로 인해서 이루어지고, 마음은 부처가 드러난 것이라 하지만, 만일 무심을 깨달으면 부처도 있는 것이라고도 않소."

"어찌하여 무심이 곧 도입니까?"

"도는 본래 무심(無心)이건만 무심을 도라 이름한 것이니 만일 무심을 깨달으면 무심이 곧 도요."

광정이 절을 하고 믿어서 받아들였다. 대궐에 돌아온 뒤에 산에서 있었던 일을 자세히 아뢰니 곧 광정에게 명을 내려 대사를 불렀다.

光庭泣拜。師曰。休禮貧道。天使為求佛耶。問道耶。曰弟子智識昏昧。未審佛之與道其義云何。師曰。若欲求佛即心是佛。若欲會道無心是道。曰云何即心是佛。師曰。佛因心悟心以佛彰。若悟無心佛亦不有。曰云何無心是道。師曰。道本無心無心名道。若了無心無心即道。光庭作禮信受。既迴闕。庭具以山中所遇奏聞。即勅光庭詔師。

12월 13일에 서울에 이르니 백련사(白蓮寺)에 머무르라는 명이 내려졌고, 이듬해 정월 15일에 선종과 교종의 명승과 석학을 도량으로 불러 대사로 하여금 부처의 진리를 드날리게 하였다.

이때에 원 선사(遠禪師)라는 이가 소리를 높여 대사에게 말하였다.

"이제 황제의 앞에서 종지를 거량하는 터이니 번거롭게 말할 필요 없이 의당 즉석에서 묻고 즉석에서 대답해야 합니다. 대사가 보는 바로는 무엇을 도라 여깁니까?"

대사가 말하였다.

"무심이 도입니다."

원 선사가 다시 말하였다.

"도는 마음으로 인하여 있거늘 어찌 무심이 도라 합니까?"

"도는 본래 이름이 없거늘 마음으로 인하여 도라 이름했을 뿐입니다. 만약 마음이라 이름한 것이 있다면 도는 가없이 이러-하지 못 하겠지만 마음의 궁극에는 이미 도라 할 것도 없거늘 무엇을 의지해 세우겠습니까? 두 가지 모두가 허망하여 모두 거짓 이름일 뿐입니다."

十二月十三日到京勅住白蓮寺。越明年正月十五日召兩街名僧碩學。赴內道場與師闡揚佛理。時有遠禪師者。抗聲謂師曰。今對聖上校量宗旨。應須直問直答不假繁辭。只如禪師所見以何為道。師答曰。無心是道。遠曰。道因心有。何得言無心是道。師曰。道本無名因心名道。心名若有道不虛然。窮心既無道憑何立。二俱虛妄總是假名。

원 선사가 말하였다.

"대사는 몸과 마음 있음을 보는 것이 도라고 여깁니까?"

대사가 말하였다.

"산승은 몸과 마음이 본래 도라 여깁니다."

"아까는 무심이 도라 하더니, 이제는 몸과 마음이 본래 도라 하니, 어찌 서로 어기는 것이 아니겠습니까?"

"무심을 도라 한 것은 마음이 없으면 도까지도 없어서 마음과 도가 하나로서 이러-한 고로 무심이 도라 하였고, 몸과 마음이 본래 도라 한 것은 도라 하고 또한 본래 몸과 마음이라 하나 몸과 마음이 본래 이미 공해서 도 또한 근원을 다해도 있지 않으니 그렇게 말한 것입니다."

"대사의 몸을 보건대 몹시 작은데도 이런 이치를 아십니다."

대사가 말하였다.

"스님은 다만 나의 형상만을 보고 나의 형상없음은 보지 못하는군요. 형상을 보는 것은 스님의 소견일 뿐입니다.

遠曰。禪師見有身心是道已否。師曰。山僧身心本來是道。曰適言無心是道。今又言身心本來是道。豈不相違。師曰。無心是道心泯道無。心道一如故言無心是道。身心本來是道。道亦本是身心。身心本既是空。道亦窮源無有。曰觀禪師形質甚小。却會此理。師曰。大德只見山僧相。不見山僧無相。見相者是大德所見。

경에서 이르기를 '무릇 있는 바 상이 모두 허망하다 하나 만일 모든 상이란 것이 상 아님을 보면 도를 깨닫는다.'라고 하였으니, 형상을 진실이라 여기면 겁이 다하더라도 도를 깨닫지 못합니다."

원 선사가 말하였다.

"바라건대 대사께서는 형상 위에서 무상을 말해 주십시오."

대사가 말하였다.

"『정명경(淨名經)』에 '사대의 주인이 없어 또한 내 몸이라는 것이 없고 나라는 소견마저 없어야 도에 상응한다.'라고 하였는데, 스님이 만일 사대에 주인이 있다고 여기면 이는 '나'가 있음이요, 만일 '나'라는 소견이 있으면 겁이 다하여도 도를 알지 못합니다."

원 선사가 이 말을 듣고 창피해 어쩔 줄 모르며 자리를 피하니 대사가 게송을 말해 주었다.

經云。凡所有相皆是虛妄。若見諸相非相。即悟其道。若以相為實窮劫不能悟道。曰今請禪師於相上說於無相。師曰。淨名經云。四大無主身亦無我。無我所見與道相應。大德。若以四大有主是我。若有我見窮劫不可會道也。遠公聞語失色逡巡避席。師有偈曰。

사대는 주장이 없는 물과 같아서
곧거나 굽은 곳에 다투는 일 없고
더럽고 깨끗한 두 곳에 마음을 내지 않거늘
어찌 막히고 트이는 두 뜻인들 있으랴
경계를 당하여 물같이 무심하면
세상을 종횡한들 무슨 걱정이 있을 것인가

다시 말하였다.

"온통 큰 것이라 이러-해서 사대 또한 그러하면, 사대에 주인 없음에 밝아 곧 무심을 깨달을 것이니 만약 무심을 깨달으면 자연히 도에 계합할 것입니다."

四大無主復如水
遇曲逢直無彼此
淨穢兩處不生心
壅決何曾有二意
觸境但似水無心
在世縱橫有何事

復云。一大如是四大亦然。若明四大無主。即悟無心。若了無心自然契道。

또 지명(志明) 선사라는 이가 물었다.

“만일 무심이 도라 하면 기왓장도 무심이니 또한 도이어야 하고, 만일 몸과 마음이 본래 도라면 모든 종류의 중생도 다 몸과 마음이 있으니 모두 도이어야 할 것입니다.”

대사가 말하였다.

“대덕이 만일 보고 듣고 지각하고 앎으로 풀려 하면 도와는 아주 멀어지니, 보고 듣고 지각하고 앎으로 구하는 이는 도를 구하는 사람이 아닙니다. 경에 이르기를 ‘눈, 귀, 코, 혀, 몸, 뜻이 없다.’라고 하였으니, 여섯 감관도 없거늘 보고 듣고 지각하고 앎이 무엇에 의하여 이루어지겠습니까? 근본을 궁구하건대 본래 있지 않으니 어느 곳에 마음을 두겠냐만 이에 계합하면 초목이나 기왓장과는 같지 않습니다.”

지명 선사가 말이 막혀 물러갔다. 대사는 또 게송을 말하였다.

又有志明禪師者。問曰。若言無心是道。瓦礫無心亦應是道。又云。身心本來是道。四生十類皆有身心亦應是道。師曰。大德若作見聞覺知之解。與道懸殊。即是求見聞覺知之者。非是求道之人。經云。無眼耳鼻舌身意。六根尚無見聞覺知憑何而立。窮本不有何處存心。焉得不同草木瓦礫。志明杜口而退。師又有偈曰。

보고 듣고 지각하고 앎에 장애가 없고
소리, 향기, 맛, 닿음이 항상 삼매라
새가 허공을 저렇게 날듯
취하고 버릴 것, 밉고 고운 것도 모두 없다네
응하는 곳마다 본래 무심으로 알면
비로소 관자재(觀自在)[58]라 할 것일세

또 진(眞) 선사라는 이가 물었다.

"도가 무심이라면 부처는 마음이 있습니까? 부처와 도는 하나입니까, 둘입니까?"

見聞覺知無障礙
聲香味觸常三昧
如鳥空中只麼飛
無取無捨無憎愛
若會應處本無心
始得名為觀自在

又有真禪師者。問云。道既無心佛有心否。佛之與道是一是二。

58) 관자재(觀自在) : 관세음(觀世音)의 다른 이름. 대자대비를 근본 서원으로 하는 보살의 이름.

대사가 말하였다.

"하나도 아니요, 다른 것도 아닙니다."

진 선사가 물었다.

"부처가 중생을 제도하는 것은 마음이 있기 때문이요, 도가 사람을 제도하지 않는다는 것은 무심인 까닭입니다. 하나는 제도한다 하고 하나는 제도하지 않는다고 하니, 어찌 둘 없음을 얻었다 하겠습니까?."

대사가 말하였다.

"만일 부처는 중생을 제도하는데 도는 중생을 제도하지 못한다 하면, 이는 스님이 허망하게 두 가지 소견을 내었을 뿐입니다. 나는 그렇게 여기지 않으니, 부처도 헛된 이름이고, 도 역시 허망하게 세워진 것으로서 두 가지가 모두 진실하지 않은 거짓 이름일 뿐입니다. 온통 거짓을 어찌 둘로 나누겠습니까?"

師曰。不一不異。曰佛度衆生為有心故。道不度人為無心故。一度一不度。何得無二。師曰。若言佛度衆生道無度者。此是大德妄生二見。如山僧即不然。佛是虛名道亦妄立。二俱不實總是假名。一假之中何分二。

진 선사가 물었다.

“부처와 도가 거짓 이름이라고는 하나 이름을 세울 때에는 누가 세웠습니까? 세운 이가 있다면 어찌 없다 하겠습니까?”

대사가 말하였다.

“부처와 도는 마음을 인하여 세워진 것인데, 세운 마음을 추궁하면 그 마음도 있지 않습니다. 마음이 없어서 두 가지가 모두 진실하지 않음을 깨달아, 꿈과 허깨비 같음을 알면 본래 공함을 깨달을 것입니다. 억지로 부처와 도의 두 이름을 세운 것은 이승(二乘)을 위한 견해일 뿐입니다.”

대사는 이어 닦을 것도 없고 지을 것도 없다는 것을 게송으로 말하였다.

問曰。佛之與道從是假名。當立名時。是誰為立。若有立者何得言無。師曰。佛之與道因心而立。推窮立心心亦是無。心既是無即悟二俱不實。知如夢幻即悟本空。彊立佛道二名。此是二乘人見解。師乃說無修無作。偈曰。

도를 볼 수 있다면 닦는다 하겠지만
볼 수 없거늘 무엇을 닦으랴
도의 성품은 허공과 같으니
허공을 어떻게 닦으랴

수도하는 이를 두루 보건대
불을 헤치면서 거품을 찾으려는 것과 같으니
꼭두각시 놀이를 보라
줄이 끊어지면 일시에 멈춘다

見道方修道
不見復何修
道性如虛空
虛空何所修
遍觀修道者
撥火覓浮漚
但看弄傀儡
線斷一時休

또 법공(法空) 선사라는 이가 물었다.

"부처와 도가 모두 거짓 이름이라면 십이분교(十二分教)[59]도 진실하지 않을 것인데, 어찌하여 예전부터 존숙(尊宿)들 모두가 도를 닦는다 합니까?"

대사가 말하였다.

"스님이 경의 뜻을 잘못 알았습니다. 도는 본래 닦을 것이 없거늘 스님은 닦는다는 경계를 짓고, 도는 본래 지을 것이 없거늘 스님은 짓는다는 경계를 짓고, 도는 본래 일이 없거늘 스님은 일을 한다는 경계를 만들고, 도는 본래 앎이 없거늘 거기에서 앎이란 경계를 일으키니, 이러한 견해들은 도에 어긋나는 것입니다.

예전의 존숙(尊宿)들은 마땅히 그렇지 않았습니다. 다만 스님이 잘못 알았을 뿐입니다. 잘 생각해 보십시오."

又有法空禪師者。問曰。佛之與道俱是假名。十二分教亦應不實。何以從前尊宿皆言修道。師曰。大德錯會經意。道本無修大德彊修。道本無作大德彊作。道本無事彊生多事。道本無知於中彊知。如此見解與道相違。從前尊宿不應如是。自是大德不會。請思之。

---

59) 십이분교(十二分教) : 부처님의 일생 동안의 가르침을 내용과 형식에 따라 열두 가지로 분류한 것.

대사는 또 게송을 말하였다.

도의 본체는 본래 닦을 수 없으니
스스로 도에 합하면 닦는 것이 아니다
도를 닦는다는 마음을 일으키면
그 사람은 도를 알지 못하는 것일세

온통인 참 성품을 버리고
도리어 시끄러움에 드는 것이니
문득 수도하는 이를 만나거든
첫째로 도는 향할 곳이 없다 하라

師又有偈曰。
道體本無修
不修自合道
若起修道心
此人不會道
棄却一真性
却入鬧浩浩
忽逢修道人
第一莫向道

또 안(安) 선사라는 이가 있다가 물었다.

"도라는 것도 거짓 이름이고, 부처도 허망하게 세운 것이며, 십이분교도 사물을 제접하고 중생을 제도하기 위한 것이어서 일체가 모두 허망하다면, 무엇을 참되다 하겠습니까?"

대사가 말하였다.

"허망이 있다 하기에 참으로써 허망을 대치한 것이나 허망의 본성을 추궁하면 본래 공하니, 참인들 어찌 있을 수 있겠습니까?

그러므로 참과 허망은 온통 거짓 이름이어서 두 가지 일을 대치함에 도무지 실체가 없고 근본을 추궁함에 일체가 모두 공합니다."

안 선사가 물었다.

"일체가 허망이라면 허망도 참과 같아서 참과 허망이 다르지 않으리니, 이 무슨 물건이라 합니까?"

대사가 말하였다.

又有安禪師者。問曰。道既假名佛云妄立。十二分教亦是接物度生。一切是妄以何為真。師曰。為有妄故將真對妄。推窮妄性本空。真亦何曾有故。故知真妄總是假名。二事對治都無實體。窮其根本一切皆空。曰既言一切是妄。妄亦同真。真妄無殊。復是何物。師曰。

"만일 무슨 물건이라 하면 무슨 물건이란 것도 허망할 것입니다. 경에 '상이라 할 것도 없고, 견줄 것도 없어서 언어의 길이 끊어진 것이 새가 허공을 나는 것 같다.'라고 하였습니다."

안 선사가 부끄러워서 어쩔 줄을 몰랐다. 대사가 또 게송을 말하였다.

참을 추궁하건대 참의 형상이 없고
망을 추궁하건대 망의 형상이 없으니
추궁하는 마음을 돌이켜 관하면
마음도 거짓 이름임을 알게 되리라
도를 이와 같이 알면
응하는 곳곳마다 무사(無事)할 뿐이다

若言何物。何物亦妄。經云。無相似無比況。言語道斷如鳥飛空。安公慚伏不知所措。師又有偈曰。

推真真無相
窮妄妄無形
返觀推窮心
知心亦假名
會道亦如此
到頭亦只寧

또 달성(達性) 선사라는 이가 물었다.

"선(禪)은 지극히 미묘하여 참과 허망이 모두 없고, 부처니 도니 하는 둘이 없으며, 수행의 성품이 공하고 이름과 형상이 진실치 않으며, 세계가 허깨비 같아서 온갖 것이 모두가 거짓 이름이라 하는데, 이렇게 생각을 한다면 중생의 선과 악의 두 가지 근본을 끊을 수 없을 것입니다."

대사가 말하였다.

"선과 악의 두 근본 모두가 마음으로 인하여 있는데 마음을 추궁해 보아 있는 것이라면 근본도 허망하지 않겠지만 마음을 추궁하여도 없거늘 근본이 무엇을 인해서 성립하리요.

경에 이르기를 '선한 법과 악한 법이 마음에서 화하여 생긴다.'라고 하였으니 선과 악의 업연이 본래 실제로 있는 것이 아닙니다."

대사가 다시 게송을 말하였다.

又有達性禪師者。問曰。禪是至妙至微。真妄雙泯佛道兩亡。修行性空名相不實。世界如幻一切假名。作此解時不可斷絕眾生善惡二根。師曰。善惡二根皆因心有。窮心若有根亦非虛。推心既無根因何立。經云。善不善法從心化生。善惡業緣本無有實。師又有偈曰。

선이 마음에서 생겼다면
악인들 어찌 마음을 떠나서 있으랴
선과 악을 밖의 인연이라 한 것은
마음에 실제로 있는 것이 아니기 때문이다
악을 버린들 어느 곳으로 보내며
선을 취한들 누구에게 지키게 하랴
애닯다. 두 소견인 사람은
두 쪽을 반연하여 분주히 달린다
본래부터 무심인 줄 깨달으면
예전의 잘못을 비로소 뉘우치리라

善既從心生
惡豈離心有
善惡是外緣
於心實不有
捨惡送何處
取善令誰守
傷嗟二見人
攀緣兩頭走
若悟本無心
始悔從前咎

또 임금을 가까이 모시는 신하가 물었다.

"이 몸은 어디서 왔다가 죽은 뒤에는 어디로 돌아갑니까?"

대사가 말하였다.

"어떤 사람이 꿈을 꿀 때에는 그 꿈이 어디서 왔다가 잠을 깬 뒤에는 어디로 갑니까?"

"꿈속에서는 없다 할 수 없고, 깬 뒤에는 있다 할 수 없으니 비록 있고 없음이 있으나 가고 오는 바는 없습니다."

대사가 말하였다.

"나의 이 몸도 꿈과 같습니다."

또 게송을 말하였다.

몸을 보기를 꿈속에 있는 것을 보듯 하면
꿈속에서 실로 어지럽다가도
홀연히 깨면 만사를 쉴 뿐이듯

又有近臣。問曰。此身從何而來。百年之後復歸何處。師曰。如人夢時從何而來。睡覺時從何而去。曰夢時不可言無。既覺不可言有。雖有有無來往無所。師曰。貧道此身亦如其夢。又有偈曰。

視生如在夢
夢裏實是鬧
忽覺萬事休

깨달아서는 도리어 깨닫기 전과 같다

지혜로운 이는 꿈임을 깨달아 알고
어리석은 이는 꿈의 어지러움을 믿는다
꿈임을 알아 양쪽에 여여하면
온통임을 깨달으나 깨달음도 없어
부귀와 빈천도
서로 다른 것이 아니다

상원(上元) 2년 5월 5일에 열반에 드니 대효 선사(大曉禪師)라 시호를 내렸다.

還同睡時悟
智者會悟夢
迷人信夢鬧
會夢如兩般
一悟無別悟
富貴與貧賤
更亦無別路
上元二年五月五日歸寂。勅諡大曉禪師。

토끼뿔

본정 선사의 무심의 경지를 알고 싶은가?

이는 마치 보석의 색이랄까
있어서 있는 것도 아니고
없어서 없는 것도 아니라네

옥구슬의 빛 발하듯 발함으로
때에 따라 응하여 자재하나
분별 아닌 자재의 함이라네

말하기 좋아하는 사람들이
이런 분을 두고서 이름하여
부처니 조사니 한다 하네

무주(婺州) 현책(玄策) 선사

현책 선사는 무주의 금화(金華) 사람이다. 출가하여 제방으로 다니다가 하삭(河朔)에 이르니, 지황(智隍) 선사라는 이가 일찍이 황매산(黃梅山)의 5조〔홍인〕를 뵙고 암자살이 20년에 스스로가 바로 알았다고 여기고 있었다.

대사는 지황 선사의 얻은 바가 참되지 못한 것을 알고 그에게 가서 물었다.

"당신은 여기 앉아서 무엇을 합니까?"

지황이 대답하였다.

"선정에 듭니다."

"당신이 선정에 들어서는 당신의 마음이 있습니까, 없습니까? 마음이 있다면 온갖 움직이는 무리도 모두 선정을 얻었다 할 것이요, 마음이 없다면 온갖 초목들도 의당 선정을 얻었다 할 것입니다."

婺州玄策禪師者。婺州金華人也。出家遊方屆於河朔。有智隍禪師者。曾謁黃梅五祖。庵居二十年自謂正受。師知隍所得未真。往問曰。汝坐於此作麼。隍曰。入定。師曰。汝言入定。有心耶無心耶。若有心者一切蠢動之類皆應得定。若無心者一切草木之流亦合得定。

지황이 말하였다.

"내가 선정에 들 때에는 있다거나 없다거나 하는 마음을 보지 못합니다."

대사가 말하였다.

"있다거나 없다거나 하는 마음을 볼 수 없으면 이는 곧 항상한 선정이니, 어찌 들고 남이 있겠습니까? 들고 남이 있다면 큰 선정이 아닙니다."

지황이 말없이 한참 있다가 누구를 스승으로 섬겼느냐고 물으니 대사가 말하였다.

"나의 스승은 조계의 6조입니다."

지황이 물었다.

"6조께서는 무엇으로 선정을 삼습니까?"

"우리 스승께서 말씀하시기를 '묘하고 맑음이 두렷이 고요하면, 본체와 작용이 여여하여 오음이 본래 공하니 육진이 있는 것이 아니다. 나지 않고 들지 않으며 안정되지도 않고 어지럽지도 않다.

曰我正入定時。則不見有有無之心。師曰。既不見有有無之心。即是常定。何有出入。若有出入則非大定。隍無語良久。問師嗣誰。師曰。我師曹谿六祖。曰六祖以何為禪定。師曰。我師云。夫妙湛圓寂體用如如。五陰本空六塵非有。不出不入不定不亂。

선정의 성품은 머무름이 없으니 머무름을 여읜 것이 선정의 고요함이다. 선정의 성품은 남〔生〕이 없으니 남〔生〕을 여읜 것이 선정의 생각이다. 마음은 허공과 같으나 허공으로도 헤아릴 수 없는 것이다.'라고 말씀하셨습니다."

지황이 이 말을 듣고 의문이 쉬지를 않자, 끝내 의심을 풀려고 조계에 가니 조사의 뜻과 선사의 뜻이 은연히 부합되어 비로소 깨달았다.

대사는 그 뒤에 금화로 돌아가서 법석(法席)을 크게 열었다.

禪性無住離住禪寂。禪性無生離生禪想。心如虛空亦無虛空之量。隍聞此語。未息疑情。遂造於曹谿請決疑翳。而祖意與師冥符。隍始開悟。師後却歸金華。大開法席。

토끼뿔

허공으로도 비교할 수 없는 경지를 알고 싶은가?

돼지는 주리면 꿀꿀하고
소들은 배고프면 움머하며
오포[60]는 정오에만 소리낸다
험.

60) 오포(午砲) : 오포는 '정오포'의 준말로서 구한말과 일제 침략기에 포(砲)를 쏘아 정오를 알리는 신호였다.

조계(曹谿) 영도(令韜) 선사

영도 선사는 길주(吉州) 사람으로 성은 장(張)씨이다. 6조에 의지해 출가하여 잠시도 곁을 떠나지 않고 시봉을 하였는데 조사가 열반에 든 뒤에 옷과 탑을 맡은 주인이 되었다.

당의 개원 4년에 현종(玄宗)이 그의 덕풍을 듣고 대궐로 불렀으나 병을 빙자하여 일어나지 않았다. 상원(上元) 원년에 숙종(肅宗)이 사자를 시켜 법을 전한 옷을 대궐로 들여다 공양하려 하면서 대사도 함께 대궐로 들라 하였으나 역시 병을 핑계로 사양하였다.

조계산에서 생애를 마치니 수명은 95세였고, 시호는 대효(大曉) 선사라 하였다.

曹谿令韜禪師者。吉州人也。姓張氏。依六祖出家。未嘗離左右。祖歸寂遂為衣塔主。唐開元四年玄宗聆其德風詔令赴闕。師辭疾不起。上元元年肅宗遣使取傳法衣入內供養。仍勅師隨衣入朝。師亦以疾辭。終於本山。壽九十五。勅諡大曉禪師。

토끼뿔

세간의 명예와 복락을 보지 않는 분이라 하겠다.

현종과 숙종의 부름 쫓지 않음이여
세간의 명예와 복락 보지 않음이니
오후의 보림공부 잘한 이라 해둘거나

서경(西京) 광택사(光宅寺) 혜충(慧忠) 국사

혜충 국사[61]는 월주(越州)의 저기(諸暨) 사람으로 성은 염(冉)씨이다.

인가를 받은 후로 남양(南陽) 백애산(白崖山)의 당자곡(黨子谷)에 살기 시작하여 40여 년을 산에서 내려가지 않으니 덕행이 대궐에까지 퍼졌다.

당의 숙종이 상원(上元) 2년에 중사(中使)인 손조진에게 명하여 서울로 맞아들여 스승의 예로써 대우하였다. 처음은 천복사(千福寺)의 서선원(西禪院)에 살았고, 대종이 즉위하여 다시 광택사로 맞이하니 16년 동안 근기에 따라 설법하였다.

이때에 서천(西天)의 대이(大耳)삼장이란 이가 서울에 왔는데 타심통을 얻었다 하였다.

西京光宅寺慧忠國師者。越州諸暨人也。姓冉氏。自受心印居南陽白崖山黨子谷。四十餘祀不下山門。道行聞於帝里。唐肅宗上元二年勅中使孫朝進。齎詔徵赴京。待以師禮。初居千福寺西禪院。及代宗臨御復迎止光宅精藍。十有六載隨機說法。時有西天大耳三藏到京。云得他心慧眼。

61) 혜충 국사(? ~ 775).

황제가 국사로 하여금 시험하게 했는데, 삼장이 국사를 보자 얼른 절을 하고 오른쪽 옆에 서니, 국사가 물었다.

"그대가 타심통을 얻었는가?"

삼장이 대답하였다.

"외람스럽습니다."

"그대는 지금 내가 어디에 있다고 생각하는가?"

"화상은 한 나라의 스승이면서 어찌 서천(西川)에 가셔서 경도(競渡)놀이를 구경하십니까?"

국사가 다시 물었다.

"그러면 지금은 내가 어디에 있다고 생각하는가?"

"화상은 한 나라의 스승이신데 어찌 천진교(天津橋) 위에서 원숭이 놀리는 것을 구경하십니까?"

국사가 세 번째도 위와 같이 물었는데, 삼장이 한참 동안 어쩔 줄을 몰라 하자, 국사가 꾸짖었다.

帝勅令與國師試驗。三藏纔見師便禮拜立於右邊。師問曰。汝得他心通耶。對曰。不敢。師曰。汝道老僧即今在什麼處。曰和尚是一國之師。何得却去西川看競渡。師再問。汝道老僧即今在什麼處。曰和尚是一國之師。何得却在天津橋上看弄猢猻。師第三問語亦同前。三藏良久罔知去處。師叱曰。

"이 들여우 귀신같은 놈아, 타심통이 어디에 있는가?"

삼장이 아무 대답도 못하였다.[62)]

하루는 시자를 부르니 시자가 대답하였다. 이렇게 세 번 불러, 세 번 모두 대답하자 국사가 이렇게 말하였다.

這野狐精。他心通在什麼處。三藏無對(僧問。仰山曰。大耳三藏第三度為什麼不見國師。仰山曰。前兩度是涉境心。後入自受用三昧。所以不見。又有僧舉前語問玄沙。玄沙曰。汝道前兩度還見麼。玄覺云。前兩度若見。後來為什麼不見。且道利害在什麼處。僧問趙州曰。大耳三藏第三度不見國師。未審國師在什麼處。趙州云。在三藏鼻孔裏。僧問玄沙。既在鼻孔裏。為什麼不見。玄沙云。只為太近)。一日喚侍者。侍者應諾。如是三召皆應諾。師曰。

62) 어떤 승려가 앙산(仰山)에게 묻기를 "대이 삼장이 세 번째에는 왜 국사를 보지 못했는가?" 하니, 앙산이 대답하기를 "앞의 두 차례는 경계에 마음을 내었고 나중에는 자수용삼매(自受用三昧)에 들었다. 그러므로 보지 못했다." 하였다.
또 어떤 승려가 앞의 이야기를 현사(玄沙)에게 물으니, 현사가 대답하기를 "그대는 앞의 두 차례에 국사를 보았다고 여기는가?" 하였고, 현각(玄覺)은 말하기를 "앞의 두 차례에 보았다면 뒤에는 왜 보지 못했겠는가? 그렇다면 어느 쪽이 옳고 어느 쪽이 그른가?" 하였다.
또 어떤 승려가 조주(趙州)에게 묻기를 "대이 삼장이 세 번째에는 국사를 보지 못했다하니 국사는 어디 계셨습니까?" 하니, 조주가 대답하기를 "삼장의 코 속에 있었다." 하였다.
또 어떤 승려가 현사에게 묻기를 "코 속에 있었다면 왜 보지 못했습니까?" 하니, 현사가 대답하기를 "너무 가깝기 때문이다." 하였다. (원주)

"내가 너를 저버렸다 여겼더니 도리어 네가 나를 저버렸구나."[63)]

남전(南泉)이 와서 뵈니 국사가 물었다.
"어디서 오는가?"
"강서(江西)에서 왔습니다."

將謂吾孤負汝。却是汝孤負吾(僧問玄沙。國師喚侍者意作麼生。玄沙云。却是侍者會。雲居錫云。且道侍者會不會。若道會。國師又道汝孤負吾。若道不會。玄沙又道却是侍者會。且作麼生商量。玄覺徵問僧。什麼是侍者會處。僧云。若不會爭解恁麼應玄覺云。汝少會在。又云。若於這裏商量得去。便見玄沙。僧問法眼。國師喚侍者意作麼生。法眼云。且去別時來。雲居錫云。法眼恁麼道。為復明國師意不明國師意。僧問趙州。國師喚侍者意作麼生。趙州云。如人暗裏書字。字雖不成文彩已彰)。南泉到參。師問。什麼處來。對曰。江西來。

---

63) 승려가 현사(玄沙)에게 묻기를 "국사가 시자를 부른 뜻이 무엇인가요?" 하니, 현사가 대답하기를 "그것은 시자가 알 것이다." 하였다.
운거석(雲居錫)이 말하기를 "시자가 알았겠는가, 알지 못했겠는가? 알았다 하려 하나 국사가 말하기를 네가 나를 저버렸었다 했고, 몰랐다 하려 하나 현사가 말하기를 시자가 안다고 하였으니 어떻게 따져야 하겠는가?" 하였다.
또 현각징(玄覺徵)이 어떤 승려에게 묻기를 "어떤 것이 시자가 알아들은 것이겠는가?" 하니, 그 승려가 대답하기를 "알지 못했다면 어찌 그렇게 대답할 줄 알았겠습니까?" 하였다. 현각(玄覺)이 다시 말하기를 "그대는 조금은 알았다." 하였다. 또 말하기를 "만일 이것을 잘 헤아리면 현사를 보게 될 것이다." 하였다.
또 어떤 승려가 법안(法眼)에게 묻기를 "국사가 시자를 부른 뜻이 무엇입니까?" 하니, 법안이 대답하기를 "가 있다가 다음날 오라." 하였다. 운거석이 말하기를 "법안이 그렇게 말한 것이 국사의 뜻을 밝힌 것인가, 밝히지 못한 것인가?" 하였다.
또 어떤 승려가 조주(趙州)에게 묻기를 "국사가 부른 뜻이 무엇입니까?" 하니, 조주가 대답하기를 "어떤 사람이 어둠 속에서 글씨를 쓰면 글자는 이루어지지 않으나 문채는 이미 이루어진 것과 같으니라." 하였다. (원주)

국사가 말하였다.
"마조(馬祖)의 진면목을 얻어 왔는가?"
"다만 이것입니다."
"네 배후를 드러내라."
남전이 그만두었다.[64)]

마곡(麻谷)이 와서 선상을 세 번 돈 뒤에 국사 앞에서 석장을 구르고 서니 국사가 말하였다.
"이미 그와 같다면 무엇 하러 다시 나를 보러 왔는가?"
마곡이 다시 석장을 구르니 국사가 꾸짖었다.
"이 들여우 귀신같은 놈아, 썩 물러가거라."

국사는 항상 대중에게 보이고 말하였다.

師曰。還將得馬師真來否。曰只這是。師曰。背後底。南泉便休(長慶稜云。大似不知。保福展云。幾不到和尚此間。雲居錫云。此二尊者盡扶背後。只如南泉休去。為當扶面前扶背後)。麻谷到參繞禪床三匝於師前振錫而立。師曰。既如是何用更見貧道。麻谷又振錫。師叱曰。這野狐精出去。師每示眾云。

64) 장경능(長慶稜)이 말하기를 "아마도 모르고 있었던 것 같다." 하였다.
보복전(保福展)이 말하기를 "하마터면 화상이 이에 이르지 못할 뻔했다." 하였다.
운거석(雲居錫)이 말하기를 "이 두 존자가 모두 등뒤를 붙들었는데 남전이 그만두고 물러간 것은 앞을 붙든 것인가, 뒤를 붙든 것인가?" 하였다. (원주)

"선종의 학자들은 부처님의 말씀 가운데 일승의 요의법(了義法)[65]을 따라야만 스스로의 마음 근원에 계합할 수 있다. 불요의법(不了義法)[66]을 배워서 서로 다투는 이는 마치 사자 몸속의 벌레와 같으니 남의 스승이 된 이가 명리(名利)에 끄달리거나 다른 소견을 내면 자기와 남에게 무슨 이익을 주겠는가? 이것은 마치 세간의 위대한 장인의 연장은 주인의 손을 다치게 하지 않고, 큰 코끼리가 진 짐을 노새로서는 감당하지 못하는 것과 같다."

어떤 승려가 와서 물었다.
"어찌하여야 부처가 되겠습니까?"
국사가 말하였다.
"부처와 중생을 일시에 놓아버리면 바로 해탈이니라."
"어찌하여야 상응하겠습니까?"
"선과 악을 생각지 않으면 저절로 불성을 보게 되리라."
"어찌하여야 법신을 증득하겠습니까?"

禪宗學者。應遵佛語一乘了義契自心源。不了義者互不相許。如獅子身蟲。夫為人師者若涉名利。別開異端則自他何益。如世大匠斤斧不傷其手。香象所負非驢能堪。有僧問。若為得成佛去。師曰。佛與眾生一時放却當處解脫。問作麼生得相應去。師云。善惡不思自見佛性。問若為得證法身。

65) 요의법(了義法) : 불법의 이치를 다한 법.
66) 불요의법(不了義法) : 불법의 이치를 다하지 못한 법.

국사가 말하였다.

“비로자나불이란 경계마저 초월해야 한다.”

“청정법신은 어찌하여야 얻습니까?”

“부처를 구하는 것마저 집착하지 말라.”

“어떤 것이 부처입니까?”

“마음 그대로가 부처이니라.”

“마음에 번뇌가 있습니까?”

“성품에는 번뇌라는 것이 없다.”

“어찌하여 끊어지지 않습니까?”

“번뇌를 끊으면 이승이라 하고, 번뇌가 나지 않으면 큰 열반이라 하느니라.”

“좌선하면서 고요함을 보려는 것은 무엇 때문입니까?”

“더럽지도 않고 깨끗하지도 않거늘 어찌 마음을 일으켜 써서 청정한 상을 보려 하랴.”

“선사께서는 시방 허공이 법신인 것으로 보고 계십니까?”

“생각으로써 마음을 취하면 이는 뒤바뀐 소견이니라.”

師曰。越毘盧之境界。曰清淨法身作麼生得。師曰。不著佛求耳。問阿那箇是佛。師曰。即心是佛。曰心有煩惱否。師曰。煩惱性自離。曰豈不斷耶。師曰。斷煩惱者即名二乘。煩惱不生名大涅槃。問坐禪看靜此復若為。師曰。不垢不淨。寧用起心而看淨相。又問。禪師見十方虛空是法身否。師曰。以想心取之是顛倒見。

승려가 물었다.

"마음 그대로가 곧 부처라면 무엇 하러 다시 만행을 닦습니까?"

"여러 성인들은 모두가 두 가지 장엄〔二嚴〕[67]을 갖추셨는데 그대는 어찌 인과를 무시하는가. 또 내가 이제 그대의 말에 대답을 하자면 겁이 다해도 끝이 없으니 말이 많으면 도와는 멀어진다. 그러므로 얻은 바 있는 설법이면 이는 여우의 울음이요, 얻은 바 없는 설법이어야 사자의 울부짖음이라 하느니라."

남양(南陽)의 장분(張濆)이라는 행자가 와서 물었다.

"들리는 말에 의하면 화상께서 무정설법(無情說法)을 하신다는데 저는 그 일을 체득하지 못했으니, 바라건대 화상께서 자비를 베푸시어 보여 주십시오."

국사가 말하였다.

"그대가 무정설법을 물으니 다른 이의 무정설법을 먼저 알아야 한다. 그래야만 나의 설법도 그대는 무정설법으로 들을 수 있으리라."

問即心是佛可更修萬行否。師曰。諸聖皆具二嚴。豈撥無因果耶。又曰。我今答汝窮劫不盡。言多去道遠矣。所以道。說法有所得斯則野干鳴。說法無所得。是名獅子吼。南陽張濆行者問。伏承和尚道無情說法。某甲未體其事。乞和尚垂示。師曰。汝若問無情說法。解他無情方得聞我說法。汝但聞取無情說法去。

---

67) 두가지 장엄〔二嚴〕: 복덕과 지혜.

장분이 물었다.

"지금 말씀하신 유정의 방편 안에 어떤 것이 무정(無情)의 인연입니까?"

"지금 일체 움직여 쓰는 가운데 범부와 성인의 두 무리에 모두 조금도 일어나거나 멸함이 없으니 그것이 의식을 벗어나는 것이다. 유무에 속하지 않아서 분주히 보고 지각하나 오직 정식(情識)에 얽매이지 않고 듣는다. 그러므로 6조께서 '여섯 감관이 경계를 대하여 분별하나 의식이 아니다.'라고 하셨다."

어떤 승려가 와서 뵙고 절을 하니 국사가 물었다.

"무슨 업을 쌓았는가?"

"『금강경』을 강의하였습니다."

"맨 처음의 두 글자가 무엇이던가?"

"여시〔如是, 이러-히〕라 하였습니다."

"그것이 무엇인가?"

그 승려가 대답이 없었다.

濆曰。只約如今有情方便之中。如何是無情因緣。師曰。如今一切動用之中。但凡聖兩流都無少分起滅。便是出識不屬有無。熾然見覺。只聞無其情識繫執。所以六祖云。六根對境分別非識。有僧到參禮。師問。蘊何事業。曰講金剛經。師曰。最初兩字是什麼。曰如是。師曰。是什麼。僧無對。

어떤 사람이 물었다.

"어떤 것이 해탈입니까?"

국사가 말하였다.

"모든 법이 서로 이르지 못하는 곳이 바로 해탈이니라."

"그렇다면 곧 끊어져 없다는 것입니까?"

"너를 향해 모든 법이 서로 이르지 못하는 곳이라 했거늘 무엇이 끊어져 없단 말이냐?"

국사가 어떤 선승이 오는 것을 보고 손으로 동그라미를 그리고 그 안에 일(日)자를 써 보이니, 그 선승이 대답이 없었다.

국사가 본정(本淨) 선사에게 물었다.

"그대가 이 다음에 기특한 말을 보면 어찌 하겠는가?"

본정이 대답하였다.

"한 생각도 마음에 애착이 없습니다."

"이는 그대 집안의 일이다."

有人問。如何是解脫。師曰。諸法不相到當處解脫。曰恁麼即斷去也。師曰。向汝道諸法不相到斷什麼。師見僧來。以手作圓相。相中書日字。僧無對。師問本淨禪師。汝已後見奇特言語如何淨曰。無一念心愛。師曰。是汝屋裏事。

숙종이 물었다.

"국사는 어떤 법을 얻었는가요?"

"폐하께서는 허공의 한 조각 구름을 보십니까?"

"보았소."

"소복소복하게 매달렸습니다."

또 숙종이 물었다.

"어떤 것이 십신조어(十身調御)[68]인가요?"

국사가 벌떡 일어나서 말하였다.

"아시겠습니까?"

"알지 못하겠소."

"노승의 물병이나 갖다 주십시오."

또 숙종이 물었다.

"어떤 것이 다툼이 없는 삼매인가요?"

"황제께서 비로자나의 정수리를 밟고 걸으십니다."

"그 뜻이 어떤 것인가요?"

국사가 말하였다.

肅宗問。師得何法。師曰。陛下見空中一片雲麼。帝曰見。師曰。釘釘著懸掛著。又問。如何是十身調御。師乃起立曰。還會麼。曰不會。師曰。與老僧過淨瓶來。又曰。如何是無諍三昧。師曰。檀越蹋毘盧頂上行。曰此意如何。師曰。

68) 십신조어(十身調御) : 부처님의 열가지 호칭 중 하나인 조어장부(調御丈夫). 조어장부는 모든 사람들을 잘 다루어 깨달음에 들게 한다는 뜻이다.

"자기의 청정법신은 아는 것도 아닙니다."

또 국사에게 물었는데 국사가 전혀 돌아보지 않으니, 황제가 말하였다.

"짐은 대당나라의 천자이거늘 국사는 어찌하여 전혀 돌아보지 않는가요?"

"황제께서는 허공을 보십니까?"

"보았소."

"그가 눈을 찡그리고 폐하를 보던가요?"

어군용(魚軍容)이 물었다.

"스님이 백애산에 계실 때에 하루 종일 어떻게 수도하셨습니까?"

국사가 동자를 오라고 불러놓고 그의 정수리를 만지면서 말하였다.

"성성(惺惺)하라. 바로 성성하라. 분명하라. 똑바로 분명하라. 이후로는 남에게 속지 말라."

국사가 자린공봉(紫璘供奉)과 토론할 때 국사가 자리에 앉으니 자린공봉이 물었다.

莫認自己清淨法身。又問師。師都不視之。曰朕是大唐天子。師何以殊不顧視。師曰。還見虛空麼。曰見。師曰。他還眨目視陛下否。魚軍容問。師住白崖山。十二時中如何修道。師喚童子來。摩頂曰。惺惺直然惺惺。歷歷直然歷歷。已後莫受人謾。師與紫璘供奉論義。既陞座。供奉曰。

"스님께서 뜻을 세우십시오. 제가 타파하겠습니다."

국사가 말하였다.

"내가 뜻을 세웠다."

"어떤 뜻을 세우셨습니까?"

"과연 보지 못하는군. 공의 경계가 아니다."

그리고는 곧 자리에서 내려왔다.

하루는 자린공봉에게 물었다.

"부처란 무슨 뜻인가?"

"깨닫는다는 뜻입니다."

"부처가 언제는 미혹했던가?"

"미혹했던 적이 없습니다."

"그렇다면 깨달아서 무엇하리요."

자린공봉이 대답이 없었다. 그리고는 다시 물었다.

"어떤 것이 실상입니까?"

대사가 말하였다.

"허공을 잡아 오너라."

請師立義某甲破。師曰。立義竟。供奉曰。是什麼義。師曰。果然不見。非公境界。便下座。一日師問紫璘供奉。佛是什麼義。曰是覺義。師曰。佛曾迷否。曰不曾迷。師曰。用覺作麼。供奉無對。又問。如何是實相。師曰。把將虛底來。

"허공을 얻을 수 없습니다."

"허공도 오히려 얻을 수 없다면서 실상은 물어서 무엇을 하려는가?"

어떤 승려가 물었다.

"어떤 것이 불법의 대의입니까?"

국사가 말하였다.

"문수당(文殊堂) 안의 만 명의 보살이니라."

"학인은 알지 못하겠습니다."

"대비보살은 눈과 손이 천 개였느니라."

탐원이 물었다.

"입멸하신 뒤에 어떤 사람이 극칙(極則)[69]의 일을 물으면 어찌하겠습니까?"

국사가 말하였다.

"이 딱한 사람아, 호신부자(護身符子)[70]는 무엇 하려는고?"

曰虛庶不可得。師曰。虛庶尚不可得。問實相作麼。僧問。如何是佛法大意。師曰。文殊堂裏萬菩薩。曰學人不會。師曰。大悲千手眼。耽源問。百年後有人問極則事作麼生。師曰。幸自可憐生。須要箇護身符子作麼。

---

69) 극칙(極則) : 궁극의 진리.

70) 호신부자(護身符子) : 생명을 보호하는 부적.

국사는 교화할 인연이 다하여 열반에 들 때가 온 것을 깨닫고 대종(代宗)에게 하직 하니 대종이 말하였다.

"국사께서 열반에 드신 뒤에 제자는 무엇을 기억해 두어야 하겠습니까?"

국사가 말하였다.

"신도님께 고하니 하나의 무봉탑(無縫塔)이나 세우십시오."

"스승께서 탑의 본을 떠주시기 바랍니다."

국사가 말없이 보이고 말하였다.

"아시겠습니까?"

"모르겠습니다."

"내가 떠난 뒤에 응진이라는 시자가 이 일을 알 것입니다."

대력(大歷) 10년 12월 9일에 오른쪽 겨드랑이로 누워 열반하니, 제자들이 당자곡 안에 탑을 세워 봉안하였으며 황제는 대증 선사(大證禪師)라는 시호를 내렸다.

師以化緣將畢涅槃時至。乃辭代宗。代宗曰。師滅度後弟子將何所記。師曰。告檀越。造取一所無縫塔。曰就師請取塔樣。師良久曰。會麼。曰不會。師曰。貧道去後有侍者應真。却知此事。大歷十年十二月九日右脅長往。弟子奉靈儀於黨子谷建塔。勅謚大證禪師。

나중에 대종이 응진을 궐내로 불러들여서 앞의 일을 물으니 응진이 말없이 보이고 말하였다.

"아시겠습니까?"

"모르겠소."

응진이 게송으로 말하였다.

상수(湘水)는 남쪽이요, 담수(潭水)는 북쪽이라[71]
그 가운데 황금이 온 나라에 가득하고
그늘 없는 나무 밑에 같은 배를 탔지만
유리전(琉璃殿)에 아는 이가 없구나

응진은 나중에 탐원산에 살았다.

代宗後詔應真入內舉問前語。真良久曰。聖上會麼。曰不會。真述偈曰。
湘之南　潭之北
中有黃金充一國
無影樹下合同船
瑠璃殿上無知識
應真後住耽源山。

---

71) 상수(湘水)와 담수(潭水)는 둘 다 광서성(廣西省)에 있는 강의 이름이다.

'국사가 어떤 선승이 오는 것을 보고 손으로 동그라미를 그리고 그 안에 일(日)자를 써 보이니, 선승이 대답이 없었다' 했는데

당시 대원이라면
"그러함이 없을 수는 없겠습니다만 지금 이 자리에서는 새삼스러운 일입니다." 하리라.

오는 길 가 노송을 보았고
계곡의 폭포소리 들었으며
뜰양지 노승미소 같이 했소
험.

서경(西京) 하택(荷澤) 신회(神會) 선사

신회 선사[72]는 양양(襄陽) 사람으로 성은 고(高)씨이다. 14세에 승려가 되어 6조를 뵈었는데 조사가 물었다.

"그대는 오느라고 몹시 수고했는데 근본을 가지고 왔는가? 근본이 있다면 주인을 알아야 할 것이다. 말해 봐라."

대사가 대답하였다.

"머무름 없음이 근본이요, 보는 것이 주인입니다."

조사가 말하였다.

"이 사미가 어찌 다음 말을 알아 들을 수 있으랴."

조사가 문득 때리니 대사는 주장자를 맞으면서 '큰 선지식은 여러 겁을 지나도 만나기 어려운데 이제 만났으니 어찌 몸과 목숨을 아끼랴.'라고 생각하였다.

西京荷澤神會禪師者。襄陽人也。姓高氏。年十四為沙彌謁六祖。祖曰。知識遠來大艱辛將本來否。若有本則合識主。試說看。師曰。以無住為本。見即是主。祖曰。這沙彌爭合取次語。便以杖打。師於杖下思惟曰。大善知識歷劫難逢。今既得遇。豈惜身命。

---

72) 신회 선사(686 ~ 760).

이로부터 시봉을 하였는데 어느 날 조사가 대중에게 말하였다.

“나에게 한 물건이 있는데 머리나 꼬리도 없고, 이름도 글자도 없고, 얼굴도 등도 없는데 여러분은 알겠는가?”

대사가 나서면서 말하였다.

“여러 부처님의 근원이며, 신회의 불성입니다.”

“그대들에게 이름도 글자도 없다 했는데 그대는 도리어 근본이요, 불성이라 하는구나.”

대사가 절을 하고 물러갔다.

대사는 이어 서경(西京)으로 가서 계를 받고 당의 경룡(景龍) 때에 다시 조계로 돌아왔다. 조사가 열반에 든 뒤로 20년 동안 조계의 종지는 형오 지방에서 침체되고, 숭악(嵩嶽)의 점수의 교리만이 진락 지방에서 성행하였는데 이 무렵에 서울로 들어갔다.

천보(天寶) 4년에 두 종파[73]의 교리를 확정하여 『현종기(顯宗記)』를 저술했는데 그것이 세상에 널리 퍼졌다.

自此給侍。他日祖告衆曰。吾有一物無頭無尾無名無字無背無面。諸人還識否。師乃出曰。是諸佛之本原。神會之佛性。祖曰。向汝道無名無字。汝便喚本源佛性。師禮拜而退。師尋往西京受戒。唐景龍中却歸曹谿。祖滅後二十年間。曹谿宗[74]旨沈廢於荊吳。嵩嶽漸門盛行於秦洛。乃入京。天寶四年方定兩宗(南能頓宗北秀漸教)。乃著顯宗記盛行於世。

73) 남방 혜능 대사의 돈종(頓宗), 북방 신수 대사의 점교(漸教).
74) 宗이 송 원나라본에는 頓으로 되어 있다.

하루는 고향에서 부모가 별세했다는 소식이 왔는데 대사는 법당에 올라가 종을 치고 외쳤다.

“부모가 모두 돌아가셨으니 대중 스님들이여, 마하반야경을 염(念)해 주십시오.”

대중이 겨우 모이니 다시 종을 치면서 말하였다.

“대중 스님들이여, 너무 수고하셨습니다.”

대사는 상원(上元) 원년 5월 13일 밤중에 엄연히 열반에 드니, 세속 수명은 75세였다. 상원 2년에 낙경(洛京) 용문(龍門)에다 탑을 세우니, 탑 곁에다 보응사(寶應寺)를 지으라는 황제의 명이 내렸다.

대력(大歷) 5년에는 진종반야전법(眞宗般若傳法)이라는 당호가 하사되었고, 7년에는 또 반야 대사(般若大師)라는 탑호가 내려졌다.

一日鄉信至報二親亡。師入堂白槌曰。父母俱喪。請大眾念摩訶般若。眾纔集師便打槌曰。勞煩大眾。師於上元元年五月十三日中夜奄然而化。俗壽七十五。二年建塔於洛京龍門。勅於塔所置寶應寺。大歷五年賜號真宗般若傳法之堂。七年又賜般若大師之塔。

어떤 승려가 와륜 선사의 게송을 소개하였다.

와륜은 기량이 있어서
백 천 가지 생각을 끊고
경계를 대하여 마음을 내지 않으니
보리가 나날이 자란다

6조 대사가 이를 듣고 말하였다.
"이 게송은 마음을 밝히지 못하였다. 만일 이에 의해 수행하면 더욱 얽매일 뿐이다."
그리고는 한 게송을 보였다.

有僧舉臥輪禪師偈云。
臥輪有伎倆
能斷百思想
對境心不起
菩提日日長
六祖大師聞之曰。此偈未明心地。若依而行之。是加繫縛因。示一偈曰。

혜능은 기량이 없어서
백 천 가지 생각을 끊지도 않고
경계를 대하여 마음을 자주 일으키니
보리인데 어찌 자람이랴[75)]

慧能沒伎倆
不斷百思想
對境心數起
菩提作麼長
(此二偈諸方多舉故附於卷末。臥輪者非名即住處也)。

75) 이때에 제방에서 이 두 게송을 많이 거론하므로 5권 끝부분에 덧붙여 둔다. (원주)

토끼뿔

'이 사미가 어찌 다음 말을 알아들을 수 있으랴.' 하고
육조께서 신회를 문득 때림을 알겠는가?

달마의 '모르오'도 오히려 다하지를 못했고
육조의 한 물건 없다 함도 손끝에 사마귀다
3 · 3은 어찌해도 이렇게 아홉수를 이루네
험.

색 인 표

색 인 표

색 인 표

색 인 표

색 인 표

색 인 표

색 인 표

부록은 농선 대원 선사님의 인가 내력과 법어 그리고 대원 선사님께서 직접 작사하신 노래 가사를 실었다. 특히 요즘 선지식 없이 공부하는 이들을 위하여 수행의 길로부터 불보살님의 누림까지 닦아 증득할 수 있도록 '부록4'에 '가슴으로 부르는 불심의 노래' 가사를 담았으니, 끝까지 정독하여 수행의 요긴한 지침이 되기를 바란다.

부 록

농선 대원 선사님 인가 내력

제 1 오도송

이 몸을 끄는 놈 이 무슨 물건인가?
골똘히 생각한 지 서너 해 되던 때에
쉬이하고 불어온 솔바람 한 소리에
홀연히 대장부의 큰 일을 마치었네

무엇이 하늘이고 무엇이 땅이런가
이 몸이 청정하여 이러-히 가없어라
안팎 중간 없는 데서 이러-히 응하니
취하고 버림이란 애당초 없다네

하루 온종일 시간이 다하도록
헤아리고 분별한 그 모든 생각들이
옛 부처 나기 전의 오묘한 소식임을
듣고서 의심 않고 믿을 이 누구인가!

此身運轉是何物
疑端汨沒三夏來
松頭吹風其一聲
忽然大事一時了

何謂靑天何謂地
當體淸淨無邊外
無內外中應如是
小分取捨全然無

一日於十有二時
悉皆思量之分別
古佛未生前消息
聞者卽信不疑誰

대원 선사님의 스승이신 불조정맥 제77조 조계종(曹溪宗) 전강(田岡) 대선사님께서 1962년 대구 동화사의 조실로 계실 당시 대원 선사님께서도 동화사에 함께 머무르고 계셨다.

하루는 전강 대선사님께서 대원 선사님의 3연으로 되어 있는 제1오도송을 들어 깨달은 바는 분명하나 대개 오도송은 짧게 짓는다고 말씀하셨다. 이에 대원 선사님께서는 제1오도송을 읊은 뒤, 도솔암을 떠나 김제들을 지나다가 석양의 해와 달을 보고 문득 읊었던 제2오도송을 일러드렸다.

제 2 오도송

해는 서산 달은 동산 덩실하게 얹혀 있고
김제의 평야에는 가을빛이 가득하네
대천이란 이름자도 서지를 못하는데
석양의 마을길엔 사람들 오고 가네

日月兩嶺載同模
金提平野滿秋色
不立大千之名字
夕陽道路人去來

제2오도송을 들으신 전강 대선사님께서는 이에 그치지 않고 그와 같은 경지를 담은 게송을 이 자리에서 즉시 한 수 지어볼 수 있겠냐고 하셨다. 대원 선사님께서는 곧바로 다음과 같이 읊으셨다.

바위 위에는 솔바람이 있고
산 아래에는 황조가 날도다

대천도 흔적조차 없는데
달밤에 원숭이가 어지러이 우는구나

岩上在松風
山下飛黃鳥
大千無痕迹
月夜亂猿啼

전강 대선사님께서는 위 송의 앞의 두 구를 들으실 때만 해도 지그시 눈을 감고 계시다가 뒤의 두 구를 마저 채우자 문득 눈을 뜨고 기뻐하는 빛이 역력하셨다.

그러나 전강 대선사님께서는 여기에서도 그치지 않고 다시 한 번 물으셨다.

"대중들이 자네를 산으로 불러내어 그중에 법성(향곡 스님 법제자인 진제 스님. 동화사 선방에 있을 당시에 '법성'이라 불렸고, 나중에 '법원'으로 개명하였다.)이 달마불식(達磨不識) 도리를 일러보라 했을 때 '드러났다'라고 답했다는데, 만약에 자네가 당시의 양무제였다면 '모르오'라고 이르고 있는 달마 대사에게 어떻게 했겠는가?"

대원 선사님께서 답하셨다.

"제가 양무제였다면 '성인이라 함도 서지 못하나 이러-히 짐의 덕화와 함께 어우러짐이 더욱 좋지 않겠습니까?' 하며 달마 대사의 손을 잡아 일으켰을 것입니다."

전강 대선사님께서 탄복하며 말씀하셨다.

"어느새 그 경지에 이르렀는가?"

"이르렀다곤들 어찌하며, 갖추었다곤들 어찌하며, 본래라곤들 어찌하리까? 오직 이러-할 뿐인데 말입니다."

대원 선사님께서 연이어 말씀하시자 전강 대선사님께서 이에 환희하시니 두 분이 어우러진 자리가 백아가 종자기를 만난 듯, 고수명창 어울리듯 화기애애하셨다.

달마불식 공안에 대한 위의 문답은 내력이 있는 것이다. 전강 대선사님께서 대원선사님을 부르시기 며칠 전에, 저녁 입선 시간 중에 노장님 몇 분만이 자리에 앉아있을 뿐 자리가 텅텅 비어 있었다고 한다.

대원 선사님께서 이상히 여기고 있던 중, 밖에서 한 젊은 수좌가 대원선사님을 불렀다. 그 수좌의 말이 스님들이 모두 윗산에 모여 기다리고 있으니 가자고 하기에 무슨 일인가 하고 따라가셨다.

그러자 그 자리에 있던 법성 스님이 보자마자 달마불식 법문을 들고 이르라고 하기에 지체없이 답하셨다.

"드러났다."

곁에 계시던 송암 스님께서 또 안수정등 법문을 들고 물으셨다.

"여기서 어떻게 살아나겠소?"

대뜸 큰소리로 이르셨다.

"안·수·정·등."

이에 좌우에 모인 스님들이 함구무언(緘口無言)인지라 대원 선사님께서는 먼저 그 자리를 떠나 내려와 버리셨다.

그 다음날 입승인 명허 스님께서 아침 공양이 끝난 자리에서 지난 밤 입선시간 중에 무단으로 자리를 비운 까닭을 묻는 대중 공사를 붙여

산 중에서 있었던 일들이 낱낱이 드러나고 말았다. 그리하여 입선시간 중에 자리를 비운 스님들은 가사 장삼을 수하고 조실인 전강 대선사님께 참회의 절을 했던 일이 있었다.

전강 대선사님께서는 이때에 대원 선사님께서 달마불식 도리에 대해 일렀던 경지를 점검하셨던 것이다.

이런 철저한 검증의 자리가 있었던 다음 날, 전강 대선사님께서 부르시기에 대원 선사님께서 가보니 모든 것이 약조된 데에서 주지인 월산(月山) 스님께서 입회해 계셨으며 전강 대선사님께서는 곧바로 다음과 같이 전법게(傳法偈)를 전해주셨다.

전 법 게

부처와 조사도 일찍이 전한 것이 아니거늘
나 또한 어찌 받았다 하며 준다 할 것인가
이 법이 2천년대에 이르러서
널리 천하 사람을 제도하리라

佛祖未曾傳
我亦何受授
此法二千年
廣度天下人

덧붙여 이 일은 월산 스님이 증인이며 2000년까지 세 사람 모두 절대 다른 사람이 알게 하거나 눈에 띄게 하지 않아야 한다고 당부하셨다.

만약 그러지 않을 시에는 대원 선사님께서 법을 펴 나가는데 장애가 있을 것이라고 예언하셨다. 또한 각별히 신변을 조심하라 하시고 월산 스님에게 명령해 대원선사님을 동화사의 포교당인 보현사에 내려가 교화에 힘쓰게 하셨다.

대원 선사님께서 보현사로 떠나는 날, 전강 대선사님께서는 미리 적어두셨던 부송(付頌)을 주셨으니 다음과 같다.

부 송

어상을 내리지 않고 이러-히 대한다 함이여
뒷날 돌아이가 구멍 없는 피리를 불리니
이로부터 불법이 천하에 가득하리라

不下御床對如是
後日石兒吹無孔
自此佛法滿天下

위의 게송에서 '어상을 내리지 않고 이러-히 대한다 함이여'라는 첫째 줄 역시 내력이 있는 구절이다.

전에 대원 선사님께서 전강 대선사님을 군산 은적사에서 모시고 계실 당시 마당에서 홀연히 마주쳤을 때 다음과 같은 문답이 있었다.

전강 대선사님께서 물으셨다.

"공적(空寂)의 영지(靈知)를 이르게."

대원 선사님께서 대답하셨다.

"이러-히 스님과 대담(對談)합니다."

"영지의 공적을 이르게."

"스님과의 대담에 이러-합니다."

"어떤 것이 이러-히 대담하는 경지인가?"

"명왕(明王)은 어상(御床)을 내리지 않고 천하 일에 밝습니다."

위와 같은 문답 중에 대원 선사님께서 답하신 경지를 부송의 첫째 줄에 담으신 것이다.

전강 대선사님께서 대원선사님을 인가(印可)하신 과정을 볼 때 한 번, 두 번, 세 번을 확인하여 철저히 점검하신 명안종사의 안목에 탄복하지 않을 수 없으며 이에 끝까지 1초의 머뭇거림도 없이 명철하셨던 대원선사님께 찬탄하지 않을 수 없다.

그리하여 법열로 어우러진 두 분의 자리가 재현된 듯 함께 환희용약하지 않을 수 없다.

이제 전강 대선사님과 약속한 2천년대를 맞이하였으므로 여기에 전법게를 밝힌다.

이로써 경허, 만공, 전강 대선사님으로 내려온 근대 대선지식의 정법의 횃불이 이 시대에 이어져 전강 대선사님의 예언대로 불법이 천하에 가득할 것이다.

농선 대원 선사님 법어

깨달음은 실증실수다. 그러나 지금의 불교가 잘못된 견해와 지식으로 불조의 가르침을 왜곡하고 견성성불 하고자 애쓰는 수행인들을 오히려 길을 잃고 헤매게 하고 있다.

그래서 이 장에서는 대원 선사님의 혜안으로 제방에서 논의되는 불교의 핵심적인 대목을 밝혀, 불조의 근본 종지를 드러내고 불교가 나아가야 할 바를 보였다.

깨달음의 정수를 담은 12게송은 실제 깨닫지 못하고 말로만 깨달음을 말하거나 혹은 깨달았다 해도 보림이 미진한 이들을 경계하게 하며 실증의 바탕에서 닦아 증득할 수 있도록 하였으니, 생사를 결단하고 본연한 참나를 회복하려는 이들에게 칠흑 같은 밤길에 등불과 같은 길잡이가 될 것이다.

오후보림

설사 깨달음을 성취했다 해도 그것은 공부의 끝이 아니다. 오후보림을 통해 업을 다해야만 육신통을 자재할 수 있게 되는 것이다. 일상에 육신통을 자재하는 구경본분의 경지일 때 비로소 공부를 마쳤다 할 것이다.

개유불성

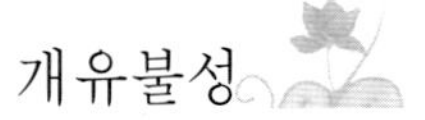

부처님께서 분명히 준동함령 개유불성(蠢動含靈 皆有佛性)이라고 하셨다. 이것은 모든 만물이 다 부처가 될 성품을 갖고 있다는 뜻이다. 불성이 하나라고 주장하는 목소리가 불교계에 드높으나 이것은 개유불성 즉, 낱낱이 제 불성은 제가 지니고 있다는 부처님의 말씀을 정면으로 어기는 말이다.

옛 선사님 말씀에 '천지(天地)가 여아동근(與我同根)이고 만물(万物)이 여아일체(與我一切)'라고 했다. '천지가 여아동근이다' 라는 것은 하늘 땅이 나와 더불어 같은 뿌리라는 말이다.

'나와 더불어'라고 했고 또한 한 뿌리가 아니라 같은 뿌리라고 했다. '더불 여(與)'자와 '같을 동(同)'자가 이미 하나라 할 수 없다는 것을 말해주고 있다. 즉 이 말은 하나와도 같다, 한결같이 똑같다는 말이다. 하나라면 '같을 동'자 뿐만 아니라 일이란 글자도 설 수 없다. 일은 이가 있을 때에야 비로소 설 수 있는 것이다.

그러므로 '천지가 여아동근이다' 즉 하늘과 땅이 나와 더불어 같은 뿌리라는 것은 모든 것이 한결같이 가없는 성품 자체에서 비롯되었다는 말이다.

또한 '만물이 여아일체이다' 즉 만물이 나와 더불어 한 몸이라는 말에서 일체란 하나의 몸을 말하는 것이 아니라 모든 불성이 가없는 성품 자체로 서로 상즉한 온통인 몸을 말하는 것이어서 만물이 나와 더불어 상즉한 자체를 말한 것이다.

공부를 많이 한 사람이 외도에 깊이 떨어지는 경우가 있다. 인가를 받지 못한 선지식들이 모두 체성을 보지 못한 이는 아니다. 가없는 성품 자체에 사무치고 보니 도저히 둘일 수가 없으므로 불성이 하나라고 한 것이다. 그러나 불성이 하나라고 하는 것은 바른 깨달음이 아니다. 그래서 인가를 받지 않으면 외도라 하는 것이다. 체성에 사무쳤다 해도 스승의 지도를 받아 일체종지를 이루지 못하면 이런 큰 허물을 짓는 것이다.

만약 불성이 하나라고 하는 이가 있으면 "아픈 것을 느끼는 것이 몸뚱이냐, 자성이냐?"라고 물어야 한다. 그러면 당연히 누구나 자성이라고 답할 것이다. 만약 몸뚱이가 아픔을 느끼는 것이라면 시체도 아픔을 느껴야 하기 때문이다. 이렇게 볼 때에 자성이 하나라면 누군가 아플 때 동시에 모두 아픔을 느껴야 할 것이다. 또한 한 사람이 생각을 일으킬 때 이를 모두 알아야 한다. 불성이 하나라면 마음도 하나여서 다른 마음이 있을 수 없기 때문이다.

돈오돈수

제방에 돈오돈수(頓悟頓修)에 대한 여러 가지 서로 다른 주장으로 시비가 끊어지지 않고 있다. 이로 인해 수행자들이 견성하면 더 이상 닦을 것이 없다는 그릇된 견해에 집착하거나 의심을 일으킬까 염려하여 여기에 바른 돈오돈수의 이치를 밝히고자 한다.

견성이 곧 돈오돈수라고 하는 분들이 많다.

그러나 견성이 곧 구경지인 성불이라면 돈오면 그만이지 돈수란 말은 왜 해놓았겠는가?

또한 오후보림(悟後保任)이라는 말은 무슨 말인가.

금강경에는 네 가지 상(我相, 人相, 衆生相, 壽者相)만 여의면 곧 중생이 아니라는 말이 수없이 되풀이되고 있다.

그런데 제구 일상무상분(第九 一相無相分)을 볼 때 다툼이 없는(곧 모든 상을 여읜) 삼매인(三昧人) 가운데 제일인 아라한도 구경지가 아니니 보살도를 닦아 등각을 거쳐야 구경성불인 묘각지에 이르른다는 사실을 알 수 있다.

또한, 제이십삼 정심행선분(第二十三 淨心行善分)을 보면 부처님께서 "아도 없고, 인도 없고, 중생도 없고, 수자도 없는 가운데 모든 선법(善法)을 닦아야 곧 아뇩다라삼먁삼보리를 얻는다."라고 말씀하시고 있으니 이것은 다름이 아니라 견성한 후에 견성을 한 지혜로써 항상 체성을 여의지 않고, 남은 업을 모두 닦아 본래 갖춘 지혜덕상을 원만하게 회복시켜야 구경성불할 수 있다는 말씀이다.

그렇다면 어째서 돈수일까?

'돈'이란 시공이 설 수 없는 찰나요, '수'란 시간과 공간 속에서 닦는 것이다.

단박에 마친다면 '돈'이면 그만이고, 견성 이전이든 이후든 닦음이 있다면 '수'라고만 할 것이지 어째서 돈과 수가 함께 할 수 있을까? 그야말로 물의 차고 더움은 그 물을 마셔본 자만이 알듯이 깨달은 사람만이 알 것이다.

사무쳐 깨닫고 보니 시공이 서지 않아 이러-히 닦아도 닦음이 없으니 네 가지 상이 없는 가운데 모든 선법을 닦는 것이요, 단박에 깨달으니 색공(色空)이 설 수 없어 이러-한 경지에서 닦음 없이 닦으니 네 가지 상이 없는 가운데 모든 선법을 닦는 것이다.

이와 같이 깨달아서 깨달은 바 없고, 닦아서는 닦은 바 없이 닦아, 남음이 없는 구경지인 성불에 이르는 과정을 돈오돈수라 한다.

견성하면 마음 이외의 다른 물건이 없는 경지인데 어떻게 닦음이 있을 수 있는가 하고 의심하는 분들이 많다. 그러나 견성했다 해도 헤아릴 수 없는 겁 동안에 길들여온 업으로 인하여 경계를 대하면 깨달아 사무친 바와 늘 일치하지는 못한다.

그래서 견성한 지혜로써 항상 체성을 여의지 않고 억겁에 익혀온 업을 제거하고 지혜 덕상을 원만하게 회복시켜야 구경성불할 수 있다.

이것이 앞에서 밝혔듯 금강경에서 부처님께서 하신 말씀이요, 돈오돈수를 주창한 당사자인 육조 대사님께서 하신 말씀이다.

육조단경 돈황본 이십칠 상대법편과 이십팔 참됨과 거짓을 보면 육조 대사님께서 당신의 설법언하에 대오하고도 슬하에서 3, 40년간 보림한 십대 제자들을 모아놓고 말씀하신다.

"내가 떠난 뒤에 너희들은 각각 일방의 지도자가 될 것이다. 그러므로 내가 너희들에게 설법하는 것을 가르쳐서 근본종지를 잃지 않도록 해주리라. 나오고 들어감에 곧 양변을 여의도록 하라." 하시고 삼과(三科)의 법문과 삼십육대법(三十六對法)을 설하셨다.

뿐만 아니라 2, 3개월 후 다시 십대 제자들을 모아놓고 "8월이 되면 세상을 떠나고자 하니 너희들은 의심이 있거든 빨리 물어라. 내가 떠난 뒤에는 너희들을 가르쳐 줄 사람이 없다." 하시며 진가동정게(眞假動靜偈)를 설하시고 외워 가져 수행하여 종지를 잃지 않도록 하라고 거듭 당부를 하시고 있다.

이것을 보아서도 이 사람이 말한 돈오돈수와 육조 대사께서 말씀하신 돈오돈수가 같다는 것을 알 수 있을 것이다.

다시 한 번 밝히자면 돈오란 자신의 체성을 단박에 깨닫는 것이요, 돈수란 깨달은 체성의 지혜로써 닦음 없이 닦는 것으로 이것이 곧 오후 보림이며, 수행자들이 퇴전하지 않고 구경성불할 수 있는 바른 수행의 길이다.

다음은 전등록 제 9권에서 추출한 것이다.

"돈오(頓悟)한 사람도 닦아야 합니까?"

"만일 참되게 깨달아 근본을 얻으면 그대가 스스로 알게 될 것이니 닦는다, 닦지 않는다 하는 것은 두 가지의 말일 뿐이다. 처음으로 발심한 사람들이 비록 인연에 따라 한 생각에 본래의 이치를 단박에 깨달았으나 아직도 비롯함이 없는 여러 겁의 습기(習氣)는 단박에 없어지지 않으므로, 그것을 깨끗이 하기 위하여 현재의 업과 의식의 흐름을 차츰차츰 없애야 하나니 이것이 닦는 것이다. 그것에 따로이 수행하게 하는 법이 있다고 말하지 마라.

들음으로 진리에 들고, 진리를 듣고 묘함이 깊어지면 마음이 스스로 두렷이 밝아져서 미혹한 경지에 머무르지 않으리라. 비록 백천 가지 묘한 이치로써 당대를 휩쓴다 하여도 이는 자리에 앉아서 옷을 입었다가 다시 벗는 것으로써 살림을 삼는 것이니, 요약해서 말하면 실제 진리의 바탕에는 한 티끌도 받아들이지 않지만 만행을 닦는 부문에서는 한 법도 버리지 않느니라. 만일 깨달았다는 생각마저 단번에 자르면 범부니 성인이니 하는 생각이 다하여, 참되고 항상한 본체가 드러나 진리와 현실이 둘이 아니어서 여여한 부처이니라."

"무엇이 돈오(頓悟)이며, 무엇을 점수(漸修)라 합니까?"

"자기의 성품이 부처와 똑같다는 것은 단박에 깨달았으나 비롯함이 없는 옛적부터의 습관은 단박에 제거할 수 없으므로 차츰 물리쳐서 성품에 따라 작용을 일으켜야 하니, 마치 사람이 밥을 먹을 때에 첫술에 배가 부르지 않는 것과 같다."

간화선인가 묵조선인가

나에게 "당신의 지도는 간화입니까, 묵조입니까?"라고 묻는 이들이 있다. 나의 지도법에는 애당초부터 간화니 묵조니 하는 것이 없다. 가없는 성품 자체로 일상을 지어가라는 말이 바로 그것을 대변해주고 있다. 묵조선과 간화선이 나뉜 것은 육조 대사 이후여서 육조 대사 당시까지만 해도 묵조선이니, 간화선이니 하여 나누지 않았다. 나는 육조 대사 당시의 법을 그대로 펴고 있는 것이다.

묵조선과 간화선은 원래 종파가 아니다. 지도받는 이의 근기에 따라 지도한 방편일 뿐이다. 들뜬 생각과 분별망상에서 이끌어내기 위한 방편으로 지도한 것이 묵조선이다. 그렇게 이끌어서 깨달아 사무치면 깨달아 사무친 경지가 일상이 되게끔 다시 이끌어 주어야 하는 것이다.

달마 대사를 묵조선이라고 하는데 중국에 오기 전 달마 대사가 육파외도(六派外道)를 조복시키는 대목을 보면 달마 대사가 묵조선이 아니라는 것이 역력히 드러난다.

다만 황제가 법문을 할 정도였던 그 시대의 교리 위주의 이론불교를 근본불교에 이르게 하기 위한 방편으로 "밖으로 반연하여 일으키는 모든 생각을 쉬고 안으로 구하는 마음마저 쉬어라."라고 가르친 것이다. 간화선도 마찬가지여서 화두라는 용광로에 일체 분별망상을 녹여 없앰으로써 밖으로 반연하여 일으키는 모든 생각을 쉬고, 안으로 구하는 마음마저 쉬게 하여 깨닫게끔 한 것이다.

즉 화두를 들어도 이런 경지에 이르러야 깨달을 수 있는 것이다. 오롯이 끊어지지 않게 화두를 들어서 오직 이러한 경지에 이르러 있다가 어떤 경계에 문득 부딪힘으로써 깨닫게 된다. 결국에는 화두인 모든 공안도리 역시 사무쳐 깨닫게 하기 위한 방편이다.

그러므로 수기설법(隨機說法)하고 응병여약(應病與藥)해야 한다. 나 역시 제자가 이러한 경지에 사무쳐 깨닫게끔 하지만, 이미 사무친 연후에는 가없는 성품 자체에 머물러 있으려고만 하지 말고, 그 경지에서 응하여 모자람 없도록 지어나가야 한다고 지도한다.

묵조나 일행삼매(一行三昧), 어느 쪽도 모든 이에게 정해 놓고 일정하게 주어서는 바른 지도가 될 수 없는 것이다. 내가 앉아서 선화할 때에는 오직 심외무물의 경지만 오롯하게끔 지으라고 지도하는 것은 어떻게 보면 묵조선이다. 그것이 가장 빨리 업을 녹이는 방법이기 때문에 그렇게 지도하는 것이다.

그러나 활동할 때는 가없는 성품 자체로 일상을 지어 가라고 지도했으니 이것은 곧 일행삼매에 이르도록 지도한 것이다. 안팎 없는 경지를 여의지 않는 것이 삼매이니, 일상생활 속에서 여의지 않는 가운데 보고 듣고, 보고 듣되 여의지 않는 그것이 일행삼매이다.

그렇다면 나는 한 사람에게 묵조선과 일행삼매를 다 가르치고 있는 것이 된다. 묵조선이라고 했지만 앉아서는 생사해탈을 위한 멸진정을 익히도록 하고, 그 외에는 다 일행삼매를 짓도록 지도하고 있는 것이어서 한편으로 멸진정을 익히는 가운데 조사선을 짓고 있는 것이다.

어떠한 약도 쓰이는 곳에 따라 좋은 약이 되기도 하고 사약이 되기도 한다. 스승이 진정 자유자재해서 제자가 머물러 있는 부분을 틔워주는 지도를 할 때 그것이 약이 되는 것이다.

그러므로 '나는 간화선만을 가르친다.' 그렇게 지도해서는 안 된다. 부처님께서도 수기설법하라 하셨다. 병을 치료해 주는 것이 약이듯 그 기틀에 맞게끔 설해 주는 것이 참 법이다.

무유정법(無有定法)이라 하지 않았는가. 그 사람의 바탕과 익힌 업력과 현재의 경지 등 모든 것을 참작해서 거기에 알맞게 베풀어 주어야 한다.

부처님의 경을 마가 설하면 마설이 되고, 마경을 부처님께서 설하시면 진리의 경전이 된다는 것도 바로 이런 데에서 하신 말씀이다.

어느 한 종에만 편승하면 안 된다. 우리는 이 속에 오종칠가(五宗七家)의 법을 다 수용해야 된다. 어느 한 법도 버릴 수 없다. 모든 근기에 알맞도록 설해 주고 이끌어 줄 수 있어야 하기 때문이다.

그래서 다만 응하여 모자람이 없이 병에 의하여 약을 줄 뿐, 정해진 법이 없어서 어느 한 법도 따로 취함이 없어야 하는 것이다.

육조 대사께 행창이 찾아와 부처님 열반경 중에서 유상(有常)과 무상(無常)을 가지고 물었을 때 행창이 무상이라 하면 육조 대사는 유상이라 하고, 행창이 유상이라 하면 육조 대사는 무상이라 했다. 왜냐하면 원래부터 무상이니 유상이니가 있을 수 없어서, 부처님께서는 다만 유상이라는 집착을 벗어나게 하기 위해 무상을 말씀하시고, 무상이라는 집착을 벗어나게 하기 위해 유상을 말씀하셨을 뿐이거늘, 행창은 열반경의 이 말씀에 묶여 있었기 때문이다.

육조 대사가 이러한 이치에 대해서 설하자 행창이 곧 깨닫고 오도송을 지어 바쳤다.

이렇게 수기설법할 때 불법이다. 수기설법하지 못하면 임제종보다 더한 것이라 해도 불법일 수 없다.

각각 사람의 근기가 다른데 어떻게 천편일률적인 방법으로 똑같이 교화할 수 있겠는가.

조계종을 육조정맥종이라고 이름한 이유

불법이 석가모니 부처님으로부터 28대 달마 대사에 이르러 동토에 전해지고 다시 33조인 육조 대사에 의해 가장 활발하고 왕성한 황금시대를 이루었다. 그래서 우리나라의 정통 불교 종단에 조계종이라는 이름이 붙여진 것이다. 육조 대사께서 생전에 조계산에 주하셨고, 대부분의 선사들의 호로 계신 곳의 지명이나 산 이름으로 쓰였기 때문이다.

그러므로 조계종의 조계란 육조 대사를 의미하고, 조계종이란 결국 육조 대사의 법을 의미하며 조계종단은 육조 대사의 법을 받아 이어가는 종단이다.

그러나 조계는 육조 대사께서 정식으로 스승에게 받은 호가 아니다. 호는 당호라고도 하는데, 대부분 스승이 제자를 인가하며 주는 것이다. 종사와 법을 거량하여 종사로부터 인가를 받고 입실건당의 전법식을 할 때에 당호와 가사, 장삼, 전법게 등을 받는다. 이때, 위에서 말하였듯 주로 그가 살고 있는 절 이름, 또는 지명, 그가 거처하던 집 등의 이름을 취하여 호로 삼는 경우가 많다. 그런데 육조 대사께서 조계산에 주하시기는 하였으나 스승인 오조 홍인 대사는 육조 대사에게 조계라는 호를 내린 적이 없다. 또 육조 대사 역시 생전에 조계라는 호를 쓴 적이 없다.

대부분의 사전에 육조 대사를 조계 대사라고도 한다고 되어 있는데, 이것은 후대인들이 지어 부른 것이다. 만약 '조계'를 육조 대사를 지칭하는 공식적인 명칭으로 쓴다면 이것은 후대인들이 선대의 대선사의 호를 지어 부르는 격이 되니 참으로 예에 맞지 않다고 할 것이다.

이러한 이유에서 조계종이라는 이름이 불교종단의 정식이름으로 적합하지 않다고 보았고, 또한 육조 대사의 법을 이어받아 바르게 펴는 곳이라는 의미를 담기에 가장 적당하여 육조정맥종이라 이름하였을 뿐, 수덕사 문중 전강 선사님의 인가를 받아 석가모니 부처님으로부터 근대의 대선지식인 경허, 만공, 전강 선사로 이어진 법맥을 이은 이로서 따로이 새로운 종단을 설립한 것이 아니다. 그렇기에 출가함에 있어서 불필요한 논쟁의 소지를 없애기 위해 육조정맥종이라고 이름한 이유와 스스로 한 번도 결제, 해제, 연두법어를 내리지 않았던 까닭이 따로 새로운 종단을 설립한 것이 아니었기 때문이라는 것을 밝히는 바이다.

희비송(喜悲頌)

이름도 없고 상도 없는 일 없는 사람이
태평의 노래를 흥에 취해 불렀더니
때도 없고 끝도 없는 구제의 일이
대천세계에 충만히 펼쳐졌네

無名無相無事人
太平之歌唱興醉
無時無端救濟事
大千世界布充滿

정신송(正信頌)

이름도 없고 상도 없는 이 바탕인 몸이여
이 바탕을 깨달은 믿음이라야 바른 믿음이라
이와 같은 믿음이 없이는 마음이 나라 말라
눈 광명이 땅에 떨어질 때 한이 만단이나 되리라

無名無相是地體
悟地之信是正信
若無是信莫心我
眼光落地恨萬端

진심송(眞心頌)

이름도 없고 상도 없는 이 진공이여
공이라는 공은 공이라 함마저도 없는 참 바탕이라
이와 같은 바탕이라야 이 공인 몸이니
이와 같은 몸이 아니면 참다운 마음이 아니니라

無名無相是眞空
空空無空是眞地
如是之地是空體
如是非體非眞心

업신송(業身頌)

업의 몸이란 것은 고통의 근본이요
업의 마음이란 것은 환란의 근본이니라
업의 행이란 것은 다툼의 근본이요
업의 일이란 것은 허망의 근본이니라

業身乃苦痛之本
業心乃患亂之本
業行乃鬪爭之本
業事乃虛妄之本

보림송(保任頌) 1

업의 몸을 다스리는 데는 계행이 최상이요
업의 마음을 다스리는 데는 인내가 최상이니라
계행과 인내로 잘 다스리면 보림이 순조롭고
보림이 잘 이루어지면 구경에 이르느니라

治業身之戒最上
治業心之忍最上
善治戒忍順保任
善成保任至究竟

보림송(保任頌) 2

육신의 욕망은 하나까지라도 모두 버려야 하고
육신을 향한 생각은 남음이 없이 버려야 하느니라
이와 같이 보림하면 업이 중한 사람일지라도
당생에 반드시 구경지를 성취하리라

肉身欲望捨都一
肉身向思捨無餘
如是保任重業人
當生必成究竟地

공성본질송(空性本質頌) 1

무극인 빈 성품의 본래 몸은
언어나 마음과 행위로 표현 못 하나
모든 부처님과 만물이 이로 좇아 생겼으며
궁극에는 일체가 돌아가 의지할 곳이니라

無極空性之本體
言語道斷滅心行
諸佛萬物從此生
窮極一切歸依處

공성본질송(空性本質頌) 2

혼연한 빈 바탕을 이름해서 무아라 하고
무아의 다른 이름이 이 무극이니라
유정 무정이 이로 좇아 생겼으며
궁극에는 일체가 돌아가 의지할 곳이니라

渾然空地名無我
無我異名是無極
有情無情從此生
窮極一切歸依處

공성본질송(空性本質頌) 3

이러-히 밝게 사무친 것을 이름해서 견성이라 하고
이 바탕에 밝게 사무쳐야 바르게 깨달은 사람이니
도를 닦는 사람은 반드시 명심해서
각자 관조하여 그릇 깨달음이 없어야 하느니라

如是明徹名見性
是地明徹正悟人
修道之人必銘心
各者觀照無非悟

명정오송(明正悟頌)

밝지도 어둡지도 않은 곳을 향해서
그윽한 본래의 바탕에 합하여야
이것을 진실한 깨달음이라 하는 것이니
그렇지 않다면 바른 깨달음이 아니니라

向不明暗處
冥合本來地
此是眞實悟
不然非正悟

무아송(無我頌)

중생들이 말하는 무아라는 것은
변하고 달라지는 나를 말하는 것이요
깨달은 사람의 무아는
변하지 않는 나를 말하는 것이다

衆生之無我
變異之言我
悟人之無我
不變之言我

태시송(太始頌)

탐착한 묘한 광명에 합한 것이 상을 이루었고
상에 집착하여 사는데서 익힌 것이 모든 업을 이루었다
업을 인해서 만반상이 생겨 나왔으며
만상으로 해서 만반법이 생겨 나왔다

貪着妙光合成相
執相生習成諸業
因業生出萬般象
萬象生出萬般法

21세기에 인류가 해야 할 일

이 사람은 1962년 26세 때부터 21세기에 인류에게 닥칠 공해문제, 에너지문제를 예견하고 대체에너지(무한원동기, 태양력, 파력, 풍력 등) 개발과 '울 안의 농법'을 연구하고 그 필요성을 많은 이들에게 이야기해 왔습니다.

당시에는 너무 시대를 앞서가는 이야기여서인지 일반인들이 수용하지 못하고 오히려 불신의 눈으로 바라보며 이 사람의 법마저 의심하였습니다. 하지만 현대에 있어서는 이것이 인류가 해결해야 할 가장 절박한 사안이 되어 있습니다.

'사막화방지 국제연대'를 설립한 것도 현재 인류가 해결해야 할 가장 절박한 지구환경문제를 이슈화시키고 그 해결책을 제시하여 재앙에 직면한 지구촌을 살리기 위해서입니다.

'사막화방지 국제연대'에서 추진하고 있는 사막화 방지, 지구 초원

화, 대체에너지 개발은 온 인류가 발 벗고 나서서 해야 할 일입니다.

첫 번째 사막화 방지에 있어서 기존에 해왔던 '나무심기 사업'은 천문학적인 예산과 많은 인력을 동원하고도 극도로 황폐한 사막화된 환경을 되살리는 데 실패하였습니다.

그래서 이 사람은 사막화 방지에 있어서는 '사막 해수로 사업'을 새로운 방안으로 제시하였습니다.

사막 해수로 사업은 사막화된 지역에 수도관을 매설하여 바닷물을 끌어들여서 염분에 강한 식물을 중심으로 자연생태계를 복원하는 사업입니다.

이것은 나무심기 사업으로 심은 나무들이 절대적으로 물이 부족하여 생존할 수 없었던 문제를 해결할 수 있는, 현재로서는 유일한 해결책입니다.

그러나 '사막화방지 국제연대'의 목적은 사막이 확장되는 것을 방지하자는 것이지 사막 전체를 완전히 없애자는 것은 아닙니다. 인체에서 심장이 모든 피를 전신의 구석구석까지 골고루 보내어 살아서 활동하게 하듯이 사막은 오히려 지구의 심장 역할을 하는 중요한 곳이기 때문입니다.

그래서 21세기에 있어서는 다만 사막의 확장을 방지할 뿐 아니라 사막을 어떻게 운용하느냐를 연구해야 합니다.

사막에 바둑판처럼 사방이 막힌 플륨관 수로를 설치하여 동, 서, 남, 북 어느 방향의 수로를 얼마만큼 채우느냐 비우느냐에 따라, 사막으로부터 사방 어느 방향으로든 거리까지 조절하여, 원하는 지역에 비를 내리게 하고 그치게 할 수 있습니다. 철저히 과학적인 데이터에 의해 이렇게 사막을 운용함으로써 21세기의 지구를 풍요로운 낙원시대로 만들어가야 합니다.

두 번째로 지구를 초원화할 수 있는 방안으로 3년간의 실험을 통해, 광활한 황무지 지역을 큰 비용을 들이거나 많은 인력을 동원하지 않고도 짧은 시간 내에 초지로 바꿀 수 있는 식물을 찾아냈습니다.

그것은 바로 '돌나물'입니다. 돌나물은 따로 종자를 심을 필요가 없이 헬리콥터나 비행기로 살포해도 생존, 번식할 수 있으며, 추위와 더위, 황폐한 땅에서도 살아남을 수 있는 생명력과 번식력이 강한 식물입니다.

지구환경을 되살리는 초지조성 사업에 있어서 이것이 큰 도움이 되리라 생각합니다.

세 번째의 대체에너지 개발에 있어서는 태양력, 파력, 풍력 등 1962년도부터 이 사람이 연구하고 얘기해왔던 방법들이 이미 많이 개발되어 실용화한 단계에 있습니다.

이 세 가지 일은 한 개인이나 한 국가가 할 수 있는 일이 아닙니다. 모든 국가가 앞장서서 전세계적인 사업으로 이루어져야 합니다. 모든 국가가 함께 하는 기금조성이 이루어져야 하고 기금조성에 참여한 국가는 이 시스템에 의한 전면적인 혜택을 입을 수 있도록 해야 합니다.

인류 모두가 지혜를 모아 이 일에 전력을 다한다면 인류는 유사 이래 가장 좋은 시절을 맞이하게 될 것이며, 만약 이 일을 남의 일인 양 외면한다면 극한의 재앙을 면할 수 없을 것입니다.

이 사람이 오래 전부터 얘기해왔던 '울 안의 농법'은 이미 미국 라스베이거스(Las Vegas)에서 30층짜리 '고층 빌딩 농장'으로 구현되었습니다. 그렇게 크게도 운영될 수 있지만 각자 자신의 집에서 이루어지는 '울 안의 농법'도 필요합니다.

21세기에 있어서 또 하나 인류가 만일의 사태를 대비해서 연구, 추진해야 될 일이 있다면 바닷속에서의 수중생활, 수중경작입니다.

지구 온난화가 심화될 경우, 공기가 너무 많이 오염될 경우, 바닷물이 높아져 살 땅이 좁아질 경우 등에 대비할 때, 인류는 우주에서의 삶보다는 바닷속에서의 삶을 준비해야 합니다. 왜냐하면 그것이 훨씬 수월하고 비용도 절감할 수 있기 때문입니다.

이렇게 깨달은 이는 이변적으로는 깨달음을 얻게 하여 영생불멸의 삶을 영위할 수 있도록 만인을 이끌어야 하며 사변적으로는 일반인이 예측할 수 없는 백 년, 천 년 앞을 내다보아 이를 미리 앞서 대비하도록 만인의 삶을 이끌어줘야 한다고 생각합니다.

불법의 뜻은 다만 진리 전수에만 있는 것이 아니니, 만인이 서로 함께 영원한 극락을 누릴 때까지 물심양면으로, 이사일여로 베풀어 교화해야 하기 때문입니다.

가슴으로 부르는 불심의 노래

여기에 실린 가사는 모두 농선 대원 선사님께서 직접 작사하신 것이다. 수행의 길로 들어서게끔 신심, 발심을 북돋아주는 가사로부터 수행의 길로 접어든 이의 구도의 몸부림이 담겨있는 가사, 대승의 원력을 발해서 교화하는 보살의 자비심과 함께 낙원세계를 누리는 풍류를 그려놓은 가사까지 한마디, 한마디가 생생하여 그 뜻이 뼛속 깊이 새겨지고 그 멋에 흠뻑 취하게 된다. 농선 대원 선사님께서는 거칠고 말초적인 요즘의 노래를 듣고 이러한 정서를 순화시키고자, 또한 수행의 마음을 진작시키고자 하는 뜻에서 이 가사들을 쓰셨다.

그래야지

1.
마음으로 물질로써
갖가지로 베푸는 것
생활화한 국민되어
이뤄내는 국가되세
그래야지 그래야지
얼씨구나 좀 더 좋다

그런 이웃 그런 나라
이뤄내서 사노라면
모든 나라 따르리니
그리되면 지상낙원
그래야지 그래야지
얼씨구나 좀 더 좋다

별중의 별 될 것이니
선조의 뜻 이룸이라
후손으로 할 일 해낸
자부심이 치솟누나
그래야지 그래야지
얼씨구나 좀 더 좋다

얼씨구야 절씨구야
좀 더 좋고 좀 더 좋다
얼씨구야 절씨구야
좀 더 좋고 좀 더 좋다

아리랑 아리랑 아라리요
아리랑 고개를 넘어간다

2.
그래야지 그래야지
혼자 삶이 아닌 세상
웬만하면 넘어가는
아량으로 살아가세
그래야지 그래야지
얼씨구나 좀 더 좋다

부딪히면 틀어져서
소통의 길 막히나니
그러므로 눈 감아줘
참는 것이 상책일세
그래야지 그래야지
얼씨구나 좀 더 좋다

걸린 생각 비워내서
한결같이 사노라면
복이되어 돌아옴을
실감할 날 있을 걸세
그래야지 그래야지
좀 더 좋고 좀 더 좋다

얼씨구야 절씨구야
좀 더 좋고 좀 더 좋다
얼씨구야 절씨구야
좀 더 좋고 좀 더 좋다

아리랑 아리랑 아라리요
아리랑 고개를 넘어간다

마음

1.
시작도 없는 마음
끝남도 없는 마음

온통으로 드러나
언제나 같이 있어

어떤 것도 가릴 수
전혀 없는 그 마음

고고하고 당당한
영원한 마음일세

아리랑 아리랑 아라리요
아리랑 고개를 넘어간다
청천 하늘에 잔별도 많고
요내 가슴에는 희망도 많다

2.
모두를 마음으로
시도를 뭐든 해봐

안되는 일 없어서
사는 데 불편없고

하고프면 하면 돼
뜻 펼치는 삶이니

즐겁고도 즐거운
누리는 삶이로세

아리랑 아리랑 아라리요
아리랑 고개를 넘어간다
청천 하늘에 잔별도 많고
요내 가슴에는 희망도 많다

사는게 아리랑 고개

1.
이 마음이 내가 되니
나고 죽음 본래 없고
이리 보고 저리 봐도
허공까지 내 몸일세
신기하고 신기하다
신기하고 신기해

이 마음이 내가 되니
안 되는 일 전혀 없어
잡된 생각 사라지고
두려움도 없어졌네
신기하고 신기하다
신기하고 신기해

이 마음이 내가 되니
끝이 없이 자유롭고
잠 못 이룬 괴로움과
공황장애 흔적 없네
신기하고 신기하다
신기하고 신기해

아리랑 아리랑
아라리요
아리랑 고개를 넘어왔다

2.
이 마음이 내가 되니
맘 먹은 일 순조롭고
살아가는 나날들이
마음광명 누림일세
신기하고 신기하다
신기하고 신기해

이 마음이 내가 되니
마음광명 누림이라
나날들이 평화롭고
자신감이 넘쳐나네
신기하고 신기하다
신기하고 신기해

이 마음이 내가 되니
대인관계 순조로와
일일마다 즐거웁고
웃음꽃이 피어나네
신기하고 신기하다
신기하고 신기해

아리랑 아리랑
아라리요
아리랑 고개를 넘어왔다

불보살의 마음

1.
자비, 그 자비는 눈물이었네
불나방이 불을 좇듯 가는 이
그래도 못 잊어서 버리지 못해
저리는 저리는 가슴, 그 가슴 안고서
눈물, 피눈물로 저리 부르네

2.
자비, 그 자비는 눈물이었네
제 살 길을 저버리는 이들을
그래도 못 잊어서 버리지 못해
저리는 저리는 가슴, 그 가슴 안고서
눈물, 피눈물로 저리 부르네

나의 노래

1.
노세 노세 봄놀이하세
대천세계 이 봄 경치
한산 습득 친구 삼아
호연지기 즐겨볼까
얼씨구나 절씨구
아니나 즐기고 무엇하리

2.
노세 노세 봄놀이하세
걸음 좇아 이른 곳곳
문수 보현 벗을 삼아
화엄광장 춤춰볼까
얼씨구나 절씨구
아니나 즐기고 무엇하리

평화로운 삶

1.
이 몸을 나로 아는
하나의 실수로서
우주가 생긴 이래

얼마나 많은 고통
겪어들 왔었던가
치떨린 일이로세

뭘 해야 그 반복을
금생에 끊어버려
그 고통 벗어날까

생각코 생각하니
그 해결 내게 있네
마음이 나 된걸세

아리랑 아리랑 아라리요
아리랑 고개를 넘어간다
청천 하늘엔 잔별도 많고
이내 가슴엔 희망도 많다

2.
마음이 내가 되면
그 어떤 것이라도
더 이상 필요찮고

마음이 내가 되면
미묘한 갖은 공덕
스스로 갖춰 있고

마음이 내가 되면
그 모든 근심 걱정
씻은 듯 사라지고

마음이 내가 되면
이 생과 저 세상이
당초에 없는 걸세

아리랑 아리랑 아라리요
아리랑 고개를 넘어간다
청천 하늘엔 잔별도 많고
이내 가슴엔 희망도 많다

3.
마음이 내가 되면
어제와 내일 일을
눈 앞 일 알 듯하고

마음이 내가 되면
신분이 관계 없이
서로가 평등하며

마음이 내가 되면
모든 일 뜻을 따라
원만히 이뤄지고

마음이 내가 되면
걸림이 없는 그 삶
저절로 이뤄지네

아리랑 아리랑 아라리요
아리랑 고개를 넘어간다
청천 하늘엔 잔별도 많고
이내 가슴엔 희망도 많다

믿음으로 여는 세상

1.
우리들 모두가 부처님 의지해 활짝 열린 가슴으로써
다 같이 도와서 살아들 간다면 훈풍 같은 앞날이리라
아! 즐겁게 즐겁게 마음을 다스려 참모습을 이루노라면
정토의 세상이 우리를 맞으리 우리 모두 기도합시다
다 같이 기도합시다

2.
우리들 모두가 참선을 할 때는 모두 비워 명경지수로
참나를 관조해 실경에 사무쳐 깨달아서 활짝 웃는 날
아! 즐겁게 즐겁게 법담을 함으로 꽃피울 걸 맹세를 하고
정진에 정진을 정진에 정진을 우리 모두 실천합시다
다 같이 실천합시다

도서출판 문젠(Moonzen Press)의 책들

출간 도서

바로보인 전등록 전 5권
바로보인 무문관
바로보인 벽암록
바로보인 천부경 · 교화경 · 치화경
바로보인 금강경
세월을 북채로 세상을 북삼아
영원한 현실
바로보인 신심명
바로보인 환단고기 전 5권
바로보인 선문염송 전 30권
앞뜰에 국화꽃 곱고 북산에 첫눈 희다
바로보인 증도가
바로보인 반야심경
선을 묻는 그대에게 1 · 2
바로보인 선가귀감
바로보인 법융선사 심명
주머니 속의 심경
바로보인 법성게
달다 -전강 대선사 법어집
기우목동가
초발심자경문
방거사어록
실증설
하택신회대사 현종기
불조정맥 - 한 · 영 · 중 3개국어판
바른 불자가 됩시다
누구나 궁금한 33가지
108진참회문 - 한 · 영 · 중 3개국어판
달마의 일할도 허락지 않는다
마음대로 앉아 죽고 서서 죽고
화두 3개국어판 - 한 · 영 · 중
바로보인 간당론
완전한 우리말 불공예식법
바로보인 유마경
실증설 5개국어판 - 한 · 영 · 불 · 서 · 중
누구나 궁금한 33가지 3개국어판
- 한 · 영 · 중
달마의 일할도 허락지 않는다
3개국어판 - 한 · 영 · 중
법성게 3개국어판 - 한 · 영 · 중
정법의 원류
바로보인 도가귀감
바로보인 유가귀감
화엄경 81권
바로보인 전등록 전 30권

출간예정 도서

바로보인 능엄경 제6권
바로보인 원각경
바로보인 육조단경
바로보인 대전화상주 심경
바로보인 위앙록
해동전등록 전 10권
말 밖의 말
언어의 향기
농선 대원 선사 선송집
진리와 과학의 만남
바로보인 5대 종교
금강경 야부송과 대원선사 토끼뿔
선재동자 참알 오십삼선지식
경봉선사 혜암선사 법을 들어 설하다
십현담 주해
불교대전
태고보우선사 어록

1. 바로보인 전등록 (전30권을 5권으로)

7불과 역대 조사의 말씀이 1,700공안으로 집대성되어 있는 선종 최고의 고전으로, 깨달음의 정수가 살아 숨쉬도록 새롭게 번역되었다.
464, 464, 472, 448, 432쪽.
각권 18,000원

2. 바로보인 무문관

황룡 무문 혜개 선사가 저술한 공안집으로 전등록, 선문염송, 벽암록 등과 함께 손꼽히는 선문의 명저이다. 본칙 48개와 무문 선사의 평창과 송, 여기에 역저자인 대원선사의 도움말과 시송으로 생명과 같은 선문의 진수를 맛보여 주고 있다.
272쪽. 12,000원

3. 바로보인 벽암록

설두 선사의 설두송고를 원오 극근 선사가 수행자에게 제창한 것이 벽암록이다.
이 책은 본칙과 설두 선사의 송, 대원선사의 도움말과 시송으로 이루어져, 벽암록을 오늘에 맞게 바로 보이고 있다.
456쪽. 15,000원

4. 바로보인 천부경

우리 민족 최고(最古)의 경전 천부경을 깨달음의 책으로 새롭게 바로 보였다. 이 책에는 81권의 화엄경을 81자에 함축한 듯한 천부경과, 교화경, 치화경의 내용이 함께 담겨 있으며, 역저자인 대원선사가 도움말, 토끼뿔, 거북털 등으로 손쉽게 닦아 증득하는 문을 열어 놓고 있다.
432쪽. 15,000원

5. 바로보인 금강경

대원선사의 『바로보인 금강경』은 국내 최초로 독창적인 과목을 내어 부처님과 수보리 존자의 대화 이면의 숨은 뜻을 드러내고, 자문과 시송으로 본문의 핵심을 꿰뚫어 밝혀, 금강경 전체를 손바닥 안의 겨자씨를 보듯 설파하고 있다.
488쪽. 15,000원

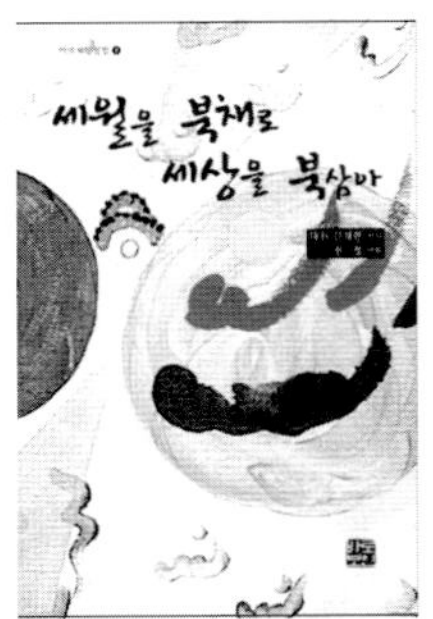

6. 세월을 북채로 세상을 북삼아

대원선사의 선시가 담긴 선시화집 『세월을 북채로 세상을 북삼아』는 선과 시와 그림이 정상에서 만나 어우러진 한바탕이다.
선의 세계를 누리는 불가사의한 일상의 노래, 법열의 환희로 취한 어깨춤과 같은 선시가 생생하고 눈부시게 내면의 소리로 흐른다.
180쪽. 15,000원

7. 영원한 현실

애매모호한 구석이 없이 밝고 명쾌하여, 너무도 분명함에 오히려 그 깊이를 헤아리기 어려운, 대원선사의 주옥같은 법문을 모아 놓은 법문집이다.
400쪽. 15,000원

8. 바로보인 신심명

신심명은 양끝을 들어 양끝을 쓸어버리는, 40대치법으로 이루어진, 3조 승찬 대사의 게송이다. 이를 대원선사가 바로 번역하는 것은 물론, 주해, 게송, 법문을 더해 통쾌하게 회통하고 자유자재 농한 것이 이 『바로보인 신심명』이다.
296쪽. 10,000원

9. 바로보인 환단고기 (전5권)

『바로보인 환단고기』 1권은 민족정신의 정수인 환단고기의 진리를 총정리하여 출간하였다. 2권에는 역사총론과 태초에서 배달국까지 역사가 실려 있으며, 3권은 단군조선, 4권은 북부여에서부터 고려까지의 역사가 실려 있다. 5권에는 역사를 증명하는 부록과 함께 환단고기 원문을 실었다. 344 · 368 · 264 · 352 · 344쪽. 각권 12,000원

10. 바로보인 선문염송 (전30권)

선문염송은 세계최대의 공안집이다. 전 공안을 망라하다시피 했기에 불조의 법 쓰는 바를 손바닥 들여다보듯 하지 않고는 제대로 번역할 수 없다. 대원선사는 전 공안을 바로 참구할 수 있게끔 번역하고 각 칙마다 일러보였다. 352 368 344 352 360 360 400 440 376 392 384 428 410 380 368 434 400 404 406 440 424 460 472 456 504 528 488 488 480 512쪽. 각권 15,000원

11. 앞뜰에 국화꽃 곱고 북산에 첫눈 희다

대원선사의 선문답집으로 전강 · 경봉 · 숭산 · 묵산 선사와의 명쾌한 문답을 실었으며, 중앙일보의 <한국불교의 큰스님 선문답> 열 분의 기사와 기자의 질문에 대한 대원선사의 별답을 함께 실었다.
200쪽. 5,000원

12. 바로보인 증도가

선종사에 사라지지 않을 발자취로 남은 영가 선사의 증도가를 대원선사가 번역하고 법문과 송을 더하였다.
자비의 방편인 증도가의 말씀을 하나하나 쳐가는 선사의 일갈이야말로 영가 선사의 본 의중과 일치하여 부합하는 것이라 아니할 수 없다.
376쪽. 10,000원

13. 바로보인 반야심경

이 시대의 야부(冶父)선사, 대원선사가 최초로 반야심경에 과목을 붙여 반야심경 내면에 흐르는 뜻을 밀밀하게 밝혀놓고 거침없는 송으로 들어보였다.
264쪽. 10,000원

14. 선(禪)을 묻는 그대에게 (전10권 중 2권)

대원선사의 선수행에 대한 문답집.
깨달아 사무친 경지에 대한 밀밀한 점검과, 오후보림에 대한 구체적인 수행법 제시와, 최초의 무명과 우주생성의 원리까지 낱낱이 설한 법문이 담겨 있다.
280쪽, 272쪽. 각권 15,000원

15. 바로보인 선가귀감

선가귀감은 깨닫고 닦아가는 비법이 고스란히 전수되어 있는 선가의 거울이라 할 만하다. 더욱이 바로보인 선가귀감은 매 소절마다 대원선사의 시송이 화살을 과녁에 적중시키듯 역대 조사와 서산대사의 의중을 꿰뚫어 보석처럼 빛나고 있다.
352쪽. 15,000원

16. 바로보인 법융선사 심명

심명 99절의 한 소절, 한 소절이 이름 그대로 마음에 새겨두어야 할 자비광명들이다.
이 심명은 언어와 문자이면서 언어와 문자를 초월한 일상을 영위하게 하는 주옥같은 법문이다.
278쪽. 12,000원

17. 주머니 속의 심경

반야심경은 부처님이 설하신 경 중에서도 절제된 경으로 으뜸가는 경이다. 대원선사의 선송(禪頌)도 그 뜻을 따라 간략하나 선의 풍미를 한껏 담고 있다. 하루에 한 소절씩을 읽고 참구한다면 선 수행의 지름길이 될 것이다.

84쪽. 5,000원

18. 바로보인 법성게

법성게는 한마디로 화엄경의 핵심부를 온통 휜출히 드러내놓은 게송이다. 짧은 글 속에 일체의 법을 이렇게 통렬하게 담아놓은 법문도 드물 것이다.

이렇게 함축된 법성게 법문을 대원선사가 속속들이 밀밀하게 설해놓았다.

176쪽. 10,000원

19. 달다 - 전강 대선사 법어집

이제는 전설이 된 한국 근대선의 거목인 전강 선사님의 최상승법과 예리한 지혜, 선기로 넘쳤던 삶이 생생하게 담겨 있는 전강 대선사 법어집 〈달다〉!

전강 대선사님의 인가 제자인 대원선사가 전강 대선사님의 법거량과 법문, 일화를 재조명하여 보였다.

368쪽. 15,000원

20. 기우목동가

그 뜻이 심오하여 번역하기 어려웠던 말계 지은 선사의 기우목동가!

대원선사가 바른 뜻이 드러나도록 번역하고, 간결한 결문과 주옥같은 선송으로 다시 보였다.

146쪽. 10,000원

21. 초발심자경문

이 초발심자경문은 한문을 새기는 힘인 문리를 터득하게 하기 위하여 일부러 의역하지 않고 직역하였다.
대원선사의 살아있는 수행지침도 실려 있다.
266쪽. 10,000원

22. 방거사어록

방거사어록은 선의 일상, 선의 누림을 보여주는 대표적인 선문이다. 역저자인 대원선사는 방거사어록의 문답을 '본연의 바탕에서 꽃피우는 일상의 함'이라 말하고 있다. 법의 흔적마저 없는 문답의 경지를 온전하게 드러내 놓은 번역과, 방거사와 호흡을 함께 하는 듯한 '토끼뿔'이 실려 있다.
306쪽. 15,000원

23. 실증설

이 책은 대원선사가 2010년 2월 14일 구정을 맞이하여 불자들에게 불법의 참뜻을 보이기 위해 홀연히 펜을 들어 일시에 써내려간 법문을 모태로 하였다. 실증한 이가 아니고는 설파할 수 없는 성품의 이치를 자문자답과 사제간의 문답을 통해 1, 2, 3부로 나눠 실증하여 보이고 있다.
224쪽. 10,000원

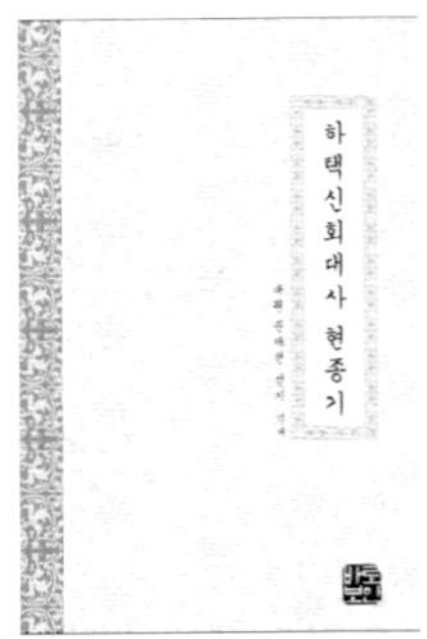

24. 하택신회대사 현종기

육조대사의 법이 중국천하에 우뚝하도록 한 장본인, 하택신회대사의 현종기. 세간에 지해종도로 알려져 있는 편견을 불식시키는 뛰어난 깨달음의 경지가 여기에 담겨있다. 대원선사가 하택신회대사의 실경지를 드러내고 바로보임으로써 빛냈다.
232쪽. 10,000원

25. 불조정맥 – 韓・英・中 3개국어판

석가모니불로부터 현 78대에 이르기까지 불조정맥진영(佛祖正脈眞影)과 정맥전법게(正脈傳法偈)를 온전하게 갖춘 최초의 불조정맥서. 대원선사가 다년간 수집, 정리하여 기도와 관조 끝에 완성한 『불조정맥』을 3개국어로 완역하였다.
216쪽. 20,000원

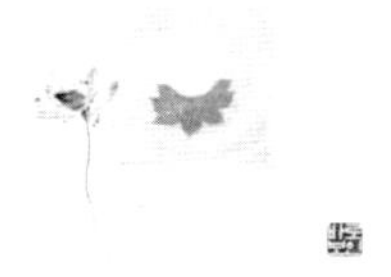

26. 바른 불자가 됩시다

참된 발심을 하여 바른 신앙, 바른 수행을 하고자 해도, 그 기준을 알지 못해 방황하는 불자님들을 위해 불법의 바른 길잡이 역할을 하도록 대원선사가 집필하여 출간하였다.
162쪽. 10,000원

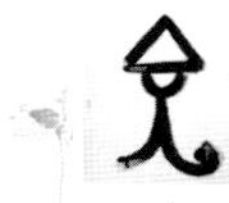

27. 누구나 궁금한 33가지

21세기의 인류를 위해 모든 이들이 가장 어렵고 궁금해 하는 문제, 삶과 죽음, 종교와 진리에 대한 바른 지표를 제시하고자 대원선사가 집필하여 출간하였다.
180쪽. 10,000원

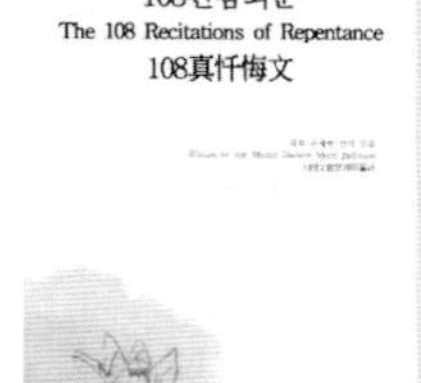

28. 108진참회문 – 韓・英・中 3개국어판

전생의 모든 악연들이 사라져 장애가 없어지고, 소망하는 삶을 살게 하기 위해 대원선사가 10계를 위주로 구성한 108 항목의 참회문이다. 한 대목마다 1배를 하여 108배를 실천할 것을 권한다.
170쪽. 15,000원

29. 달마의 일할도 허락지 않는다

대원선사의 짧고 명쾌한 법문집.
책을 잡는 순간 달마의 일할도 허락지 않는 선기와 맞닥뜨리게 될 것이다. 때로는 하늘을 찌를 듯한 기세와, 때로는 흔적 없는 공기와도 같은 향기를 일별하기를…
190쪽. 10,000원

30. 마음대로 앉아 죽고 서서 죽고

생사를 자재한 분들의 앉아서 열반하고 서서 열반한 내력은 물론 그분들의 생애와 법까지 일목요연하게 수록해놓았다.
446쪽. 15,000원

31. 화두 3개국어판 - 韓 · 英 · 中

『화두』는 대원선사의 평생 선문답의 결정판이다. 생생하게 살아있는 선(禪)을 한 · 영 · 중 3개국어로 만날 수 있다. 특히 대원선사의 짧은 일대기가 실려 있어 그 선풍을 음미하는 데에 큰 도움을 주고 있다.
440쪽. 15,000원

32. 바로보인 간당론

법문하는 이가 법리를 모르고 주장자를 치는 것을 눈먼 주장자라 한다. 법좌에 올라 주장자 쓰는 이들을 위해서 대원선사가 간당론에서 선리(禪理)만을 취하여 『바로보인 간당론』을 출간하였다.
218쪽. 20,000원

33. 완전한 우리말 불공예식법

부처님께 공양을 올리고 불보살님의 가피를 구하는 예법 등을 총칭하여 불공예식법이라 한다. 대원선사가 이러한 불공예식의 본뜻을 살려서 완전한 우리말본 불공예식법을 출간하였다.
456쪽. 38,000원

34. 바로보인 유마경

유마경은 불법의 최정점을 찍는 경전이라 할 것이니, 불보살님이 교화하는 경지에서의 깨달음의 실경과 신통자재한 방편행을 보여주는 최상승 경전이다. 대원선사가 〈대원선사 토끼뿔〉로 이 유마경에 걸맞는 최상승 법을 이 시대에 다시금 드날렸다.
568쪽. 20,000원

35. 실증설
5개국어판 – 韓・英・佛・西・中

대원선사가 불법의 참뜻을 보이기 위해 홀연히 펜을 들어 일시에 써내려간 실증설! 실증한 이가 아니고는 설파할 수 없는 도리로 가득한 이 책이 드디어 영어, 불어, 스페인어, 중국어를 더하여 5개국어로 편찬되었다.
860쪽. 25,000원

36. 누구나 궁금한 33가지
3개국어판 – 韓・英・中

누구라도 풀어야 할 숙제인 33가지의 의문에 대한 답을 21세기의 현대인에게 맞는 비유와 언어로 되살린 『누구나 궁금한 33가지』가 한글, 영어, 중국어 3개국어로 출간되었다.
408쪽. 15,000원

37. 달마의 일할도 허락지 않는다 3개국어판 - 韓 · 英 · 中

대원선사의 짧고 명쾌한 법문집인 『달마의 일할도 허락지 않는다』가 한글, 영어, 중국어 3개국어로 출간되었다. 전세계에서 유일하게 활선의 가풍이 이어지고 있는 한국, 그 가운데에서도 불조의 정맥을 이은 대원선사가 살활자재한 법문을 세계로 전하고 있는 책이다.
308쪽. 15,000원

38. 화엄경 (전81권)

대원선사는 선문염송 30권, 전등록 30권을 모두 역해하여 세계 최초로 1,463칙 전 공안에 착어하였다. 이러한 안목으로 대천세계를 손바닥의 겨자씨 들여다보듯 하신 불보살님들의 지혜와 신통으로 누리는 불가사의한 화엄세계를 열어 보였다.
220쪽. 각권 15,000원

39. 법성게 3개국어판 - 韓 · 英 · 中

법성게는 한마디로 화엄경의 핵심부를 훤출히 드러내 놓은 게송으로 짧은 글 속에 일체 법을 고스란히 담아 놓았다. 대원선사의 통쾌한 법성게 법문이 한영중 3개국어로 출간되었다.
376쪽. 15,000원

40. 정법의 원류

『정법의 원류』는 불조정맥을 이은 정맥선원의 소개서이다. 정맥선원은 불조정맥 제77조 조계종 전강 대선사의 인가 제자인 대원 전법선사가 주재하는 도량이다. 『정법의 원류』를 통해 정맥선원 대원선사의 정맥을 이은 법과 지도방편을 만날 수 있다.
444쪽. 20,000원

41. 바로보인 도가귀감

도가귀감은, 온통인 마음〔一物〕을 밝혀 회복함으로써, 생사를 비롯한 모든 아픔과 고를 여의어, 뜻과 같이 누려서 살게 하고자 한 도교의 뜻을, 서산대사가 밝혀놓은 책이다. 대원선사가 부록으로 도덕경의 중대한 대목을 더하고, 그 대목대목마다 결문(決文)하였다.
218쪽. 12,000원

42. 바로보인 유가귀감

유가귀감은 서산대사가 간추려놓은 구절로서, 간결하지만 심오하기 그지없으니, 간략한 구절 속에서 유교사상을 미루어볼 수 있게 하였다. 대원선사가 그 뜻이 잘 드러나게 번역하고 그 대목대목마다 결문(決文)하였다.
236쪽. 15,000원

43. 바로보인 전등록 (전30권)

7불로부터 52세대 1,701명 선지식의 깨달음의 진수가 담긴 전등록 30권에 농선 대원 선사가 선리의 토끼뿔을 더해 닦아 증득하는데 도움이 되도록 하였다.
288쪽. 각권 15,000원

농선 대원 선사 법문 mp3 주문 판매

* 천부경 : 15,000원
* 신심명 : 30,000원
* 현종기 : 65,000원
* 기우목동가 : 75,000원
* 반야심경 : 1회당 5,000원 (총 32회)
* 선가귀감 : 1회당 5,000원 (총 80회)
* 금강경 : 40,000원
* 법성게 : 10,000원
* 법융선사 심명 : 100,000원

농선 대원 선사 작사 CD 주문 판매

* 가슴으로 부르는 불심의 노래 1,2,3집
  각 : 1만 5천원
* 유튜브에서 채널 구독하시고 무료로
  찬불가 앨범을 감상하세요

주문 문의 ☎ 031-534-3373

유튜브에서 채널 구독하시고
무료로 찬불가 앨범을 감상하세요

유튜브에서 MOONZEN을 검색하시거나
아래의 주소로 접속해주세요

http://www.youtube.com/user/officialMOONZEN